★印のデータは、日本新聞協会のウェブサイト
（https://www.pressnet.or.jp/）に掲載の調査
ください（専用サイトへのリンクを張っている場
随時新しい数値に更新しています。

JN061184

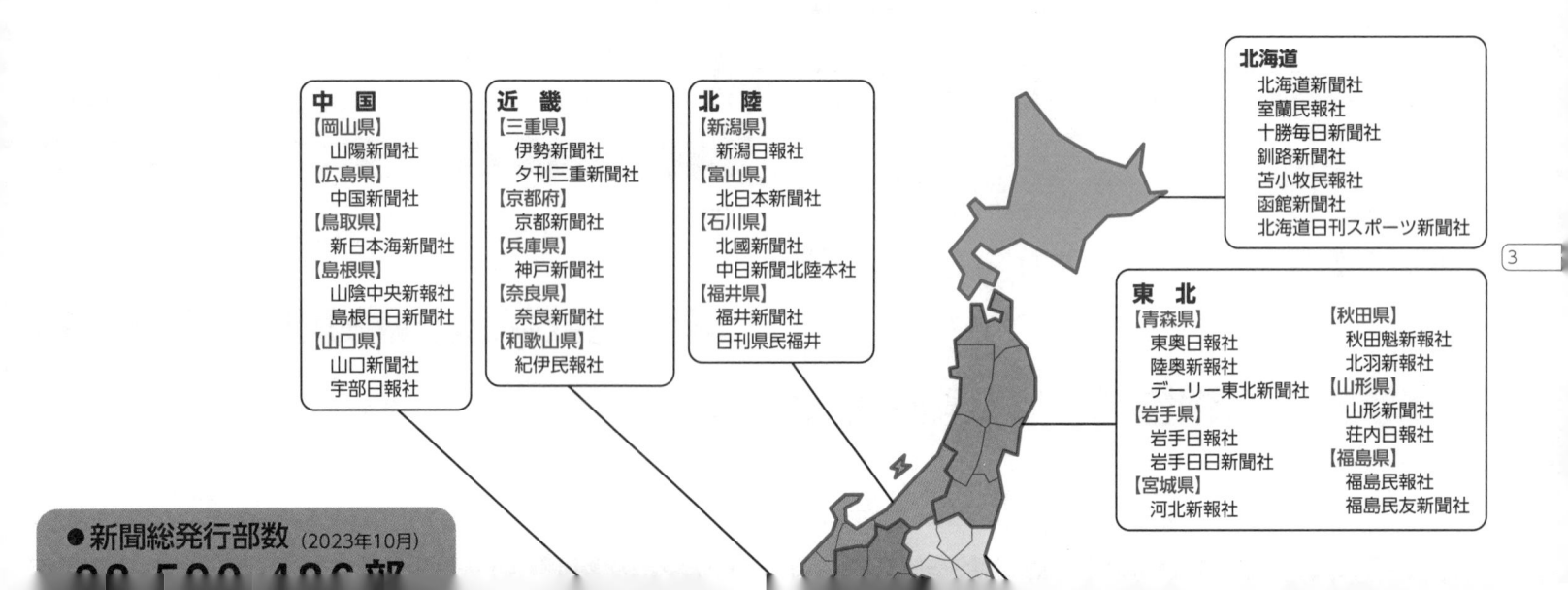

日本の新聞社マップ

中 国
【岡山県】
　山陽新聞社
【広島県】
　中国新聞社
【鳥取県】
　新日本海新聞社
【島根県】
　山陰中央新報社
　島根日日新聞社
【山口県】
　山口新聞社
　宇部日報社

近 畿
【三重県】
　伊勢新聞社
　夕刊三重新聞社
【京都府】
　京都新聞社
【兵庫県】
　神戸新聞社
【奈良県】
　奈良新聞社
【和歌山県】
　紀伊民報社

北 陸
【新潟県】
　新潟日報社
【富山県】
　北日本新聞社
【石川県】
　北國新聞社
　中日新聞北陸本社
【福井県】
　福井新聞社
　日刊県民福井

北海道
　北海道新聞社
　室蘭民報社
　十勝毎日新聞社
　釧路新聞社
　苫小牧民報社
　函館新聞社
　北海道日刊スポーツ新聞社

東 北
【青森県】
　東奥日報社
　陸奥新報社
　デーリー東北新聞社
【岩手県】
　岩手日報社
　岩手日日新聞社
【宮城県】
　河北新報社
【秋田県】
　秋田魁新報社
　北羽新報社
【山形県】
　山形新聞社
　荘内日報社
【福島県】
　福島民報社
　福島民友新聞社

● 新聞総発行部数 （2023年10月）

九州

【福岡県】
西日本新聞社
朝日新聞西部本社
毎日新聞西部本社
読売新聞西部本社

【佐賀県】
佐賀新聞社

【長崎県】
長崎新聞社

【熊本県】
熊本日日新聞社

【大分県】
大分合同新聞社

【宮崎県】
宮崎日日新聞社
夕刊デイリー新聞社

【鹿児島県】
南日本新聞社
南海日日新聞社(奄美大島)

【沖縄県】
沖縄タイムス社
琉球新報社
八重山毎日新聞(石垣島)
宮古毎日新聞社(宮古島)

四 国

【徳島県】
徳島新聞社

【香川県】
四国新聞社

【愛媛県】
愛媛新聞社

【高知県】
高知新聞社

大 阪

朝日新聞大阪本社
毎日新聞大阪本社
読売新聞大阪本社
日本経済新聞大阪本社
産経新聞大阪本社
日刊スポーツ新聞西日本

中 部

【山梨県】
山梨日日新聞社

【静岡県】
静岡新聞社

【長野県】
信濃毎日新聞社
長野日報社
南信州新聞社
市民タイムス

【愛知県】
中日新聞社
中部経済新聞社
東愛知新聞社

【岐阜県】
岐阜新聞社

東 京

朝日新聞東京本社
毎日新聞東京本社
読売新聞東京本社
日本経済新聞社
東京新聞
産経新聞東京本社
サンケイスポーツ
夕刊フジ

ジャパンタイムズ
報知新聞社
日刊工業新聞社
日刊スポーツ新聞社
スポーツニッポン新聞社
東京スポーツ新聞社
水産経済新聞社
日本農業新聞

関 東

【茨城県】
茨城新聞社

【栃木県】
下野新聞社

【群馬県】
上毛新聞社

【埼玉県】
埼玉新聞社

【神奈川県】
神奈川新聞社

【千葉県】
千葉日報社

4

2024年4月1日現在、日本新聞協会に加盟している新聞社（新聞協会にはこのほか通信社・放送社も加盟しています）

日刊紙の都道府県別発行部数と普及度

都道府県	発 行 部 数				普 及 度	
	計	セット	朝刊	夕刊	1部あたり人口	1世帯あたり部数
全国	28,590,486	4,456,199	23,681,695	452,592	4.28	0.49
東京	2,719,874	982,931	1,656,060	80,883	4.88	0.38
大阪	1,922,291	965,599	922,783	33,909	4.43	0.45
北海道	1,327,883	36,471	1,179,415	111,997	3.84	0.48
青森	362,661	3	362,534	124	3.36	0.61
岩手	294,352	17	293,777	558	4.01	0.56
宮城	514,292	31,341	479,870	3,081	4.34	0.50
秋田	277,256	7	276,353	896	3.38	0.66
山形	302,207	10	301,351	846	3.42	0.73
福島	497,950	8	495,789	2,153	3.62	0.63
茨城	699,416	15,153	682,358	1,905	4.00	0.56
栃木	517,089	3,369	512,164	1,556	3.64	0.62
群馬	555,134	2,266	551,226	1,642	3.36	0.66
埼玉	1,552,068	239,770	1,301,288	11,010	4.62	0.46
千葉	1,288,104	289,959	986,936	11,209	4.76	0.44
神奈川	1,797,891	552,703	1,232,672	12,516	4.99	0.41
新潟	548,301	24,392	519,927	3,982	3.91	0.61
富山	335,847	1,308	333,874	665	3.00	0.80
石川	381,858	45,802	334,916	1,140	2.88	0.79
福井	223,893	3	223,598	292	3.32	0.77
山梨	242,874	655	240,895	1,324	3.27	0.67
長野	649,537	19	647,320	2,198	3.09	0.75

《新聞の定価》

　日刊新聞は全国一律の定価販売が認められています。いろいろな新聞があることで、国民の誰もが日々の生活に欠かせない社会・経済・政治などの情報を平等に入手できる環境を整備するためです。

愛知	1,629,662	189,688	1,421,957	17,817	4.44	0.50
滋賀	310,880	25,015	285,048	817	4.43	0.53
三重	408,716	15,196	381,068	12,452	4.20	0.52
京都	596,445	217,746	371,341	7,358	4.08	0.50
奈良	363,973	142,445	220,420	1,108	3.60	0.61
和歌山	229,227	31,947	165,766	31,514	4.00	0.52
兵庫	1,191,606	432,304	749,938	9,364	4.48	0.47
鳥取	183,640	1	183,140	499	2.95	0.77
岡山	420,725	4	419,443	1,278	4.36	0.50
広島	682,619	4	682,154	461	3.98	0.53
島根	234,390	0	234,240	150	2.77	0.81
山口	353,245	4,251	305,487	43,507	3.71	0.55
徳島	202,844	2	202,507	335	3.51	0.61
香川	244,511	1	243,991	519	3.85	0.56
愛媛	280,112	0	279,689	423	4.69	0.43
高知	158,973	2	158,782	189	4.28	0.46
福岡	888,368	123,416	763,398	1,554	5.65	0.36
佐賀	181,184	129	181,038	17	4.41	0.54
長崎	276,018	0	276,004	14	4.69	0.44
熊本	304,329	85	304,230	14	5.64	0.39
大分	255,457	94	255,358	5	4.34	0.48
宮崎	248,403	0	213,605	34,798	4.27	0.47
鹿児島	295,995	6	295,980	9	5.33	0.37
沖縄	293,606	1,101	292,493	12	4.99	0.43
海外	2,351	398	1,952	1	0.00	0.00

朝夕刊セットを1部として計算
対象は110紙。発行形態別の内訳はセット紙23、朝刊単独紙77、夕刊単独紙10（セット紙は朝夕刊セットで発行されている新聞）
人口および世帯数は2023年1月1日現在の住民基本台帳による

新聞協会経営業務部「日刊紙の都道府県別発行部数と普及度」(2023年10月)より

6

新聞の発行部数と世帯数

	発行部数合計	発行形態別			種類別		世帯数	1世帯当たり部数
		セット部数	朝刊単独部数	夕刊単独部数	一般紙	スポーツ紙		
2013年	46,999,468	12,396,510	33,552,159	1,050,799	43,126,352	3,873,116	54,594,744	0.86
14	45,362,672	11,356,360	32,979,682	1,026,630	41,687,125	3,675,547	54,952,108	0.83
15	44,246,688	10,874,446	32,365,532	1,006,710	40,691,869	3,554,819	55,364,197	0.80
16	43,276,147	10,413,426	31,889,399	973,322	39,821,106	3,455,041	55,811,969	0.78
17	42,128,189	9,700,510	31,487,725	939,954	38,763,641	3,364,548	56,221,568	0.75
18	39,901,576	9,025,146	29,993,652	882,778	36,823,021	3,078,555	56,613,999	0.70
19	37,811,248	8,422,099	28,554,249	834,900	34,877,964	2,933,284	56,996,515	0.66
20	35,091,944	7,252,724	27,064,065	775,155	32,454,796	2,637,148	57,380,526	0.61
21	33,027,135	6,484,982	25,914,024	628,129	30,657,153	2,369,982	57,849,163	0.57
22	30,846,631	5,928,317	24,400,468	517,846	28,694,915	2,151,716	58,226,982	0.53
23	28,590,486	4,456,199	23,681,695	452,592	26,674,129	1,916,357	58,493,428	0.49

朝夕刊セットを1部として計算。セット紙を朝・夕刊別に数えた場合、2023年の総発行部数は33,046,685部。対象は110紙
世帯数は2014年から1月1日現在、13年は3月31日現在の住民基本台帳による

新聞協会経営業務部「日刊紙の都道府県別発行部数と普及度」（毎年10月）より

▶発行形態（2013年／2023年比較）

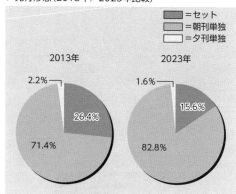

凡例:
- ＝セット
- ＝朝刊単独
- ＝夕刊単独

2013年
- 2.2%
- 26.4%
- 71.4%

2023年
- 1.6%
- 15.6%
- 82.8%

四捨五入のため、構成比率の合計は100.0にならない場合がある

▶一般紙、スポーツ紙の割合（2013年／2023年比較）

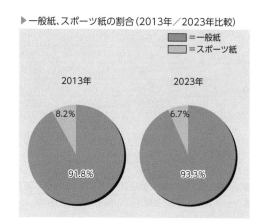

凡例:
- ＝一般紙
- ＝スポーツ紙

2013年
- 8.2%
- 91.8%

2023年
- 6.7%
- 93.3%

▶戸別配達率（2013年／2023年比較）

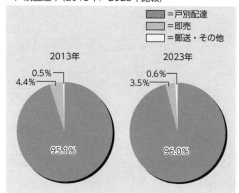

凡例:
- ＝戸別配達
- ＝即売
- ＝郵送・その他

2013年
- 0.5%
- 4.4%
- 95.1%

2023年
- 0.6%
- 3.5%
- 96.0%

8

総広告費と媒体別広告費

（単位：億円、%）

年	総広告費 広告費	総広告費 前年比	新聞 広告費	新聞 前年比	雑誌 広告費	雑誌 前年比	ラジオ 広告費	ラジオ 前年比	地上波テレビ 広告費	地上波テレビ 前年比	衛星メディア関連 広告費	衛星メディア関連 前年比	インターネット広告 広告費	インターネット広告 前年比	うち新聞デジタル 広告費	うち新聞デジタル 前年比	プロモーションメディア広告 広告費	プロモーションメディア広告 前年比
2014年	61,522	102.9	6,057	98.2	2,500	100.0	1,272	102.3	18,347	102.4	1,217	109.6	10,519	112.1	—	—	21,610	100.8
15	61,710	100.3	5,679	93.8	2,443	97.7	1,254	98.6	18,088	98.6	1,235	101.5	11,594	110.2	—	—	21,417	99.1
16	62,880	101.9	5,431	95.6	2,223	91.0	1,285	102.5	18,374	101.6	1,283	103.9	13,100	113.0	—	—	21,184	98.9
17	63,907	101.6	5,147	94.8	2,023	91.0	1,290	100.4	18,178	98.9	1,300	101.3	15,094	115.2	—	—	20,875	98.5
18	65,300	102.2	4,784	92.9	1,841	91.0	1,278	99.1	17,848	98.2	1,275	98.1	17,589	116.5	132	—	20,685	99.1
19	69,381	106.2	4,547	95.0	1,675	91.0	1,260	98.6	17,345	97.2	1,267	99.4	21,048	119.7	146	110.6	22,239	107.5
20	61,594	88.8	3,688	81.1	1,223	73.0	1,066	84.6	15,386	88.7	1,173	92.6	22,290	105.9	173	118.5	16,768	75.4
21	67,998	110.4	3,815	103.4	1,224	100.1	1,106	103.8	17,184	111.7	1,209	103.1	27,052	121.4	213	123.1	16,408	97.9
22	71,021	104.4	3,697	96.9	1,140	93.1	1,129	102.1	16,768	97.6	1,251	103.5	30,912	114.3	221	103.8	16,124	98.3
23	73,167	103.0	3,512	95.0	1,163	102.0	1,139	100.9	16,095	96.0	1,252	100.1	33,330	107.8	208	94.1	16,676	103.4

2018年からインターネット広告のうち、マスコミ4媒体事業者などが主体となって提供するインターネットメディア・サービスにおける広告費を算出している。上表ではインターネット広告費の内訳として「新聞デジタル」のみ記載した
プロモーションメディアは「屋外」「交通」「折込」「DM（ダイレクト・メール）」「フリーペーパー」「POP」「イベント・展示・映像ほか」から成る

電通「日本の広告費」より

媒体別広告費の構成比

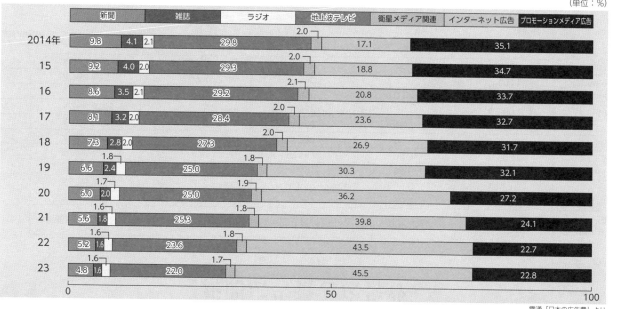

(単位：%)

	新聞	雑誌	ラジオ	地上波テレビ	衛星メディア関連	インターネット広告	プロモーションメディア広告
2014年	9.8	4.1	2.1	29.8	2.0	17.1	35.1
15	9.2	4.0	2.0	29.3	2.0	18.8	34.7
16	8.6	3.5	2.1	29.2	2.1	20.8	33.7
17	8.1	3.2	2.0	28.4	2.0	23.6	32.7
18	7.3	2.8	2.0	27.3	2.0	26.9	31.7
19	6.6	2.4	1.8	25.0	1.8	30.3	32.1
20	6.0	2.0	1.7	25.0	1.9	36.2	27.2
21	5.6	1.8	1.6	25.3	1.8	39.8	24.1
22	5.2	1.6	1.6	23.6	1.8	43.5	22.7
23	4.8	1.6	1.6	22.0	1.7	45.5	22.8

電通「日本の広告費」より

新聞広告量と広告費

	新聞総広告量（段）	前年比（％）	新聞広告費（億円）	前年比（％）	総広告費（億円）	名目国内総生産〔GDP〕（億円）
2014年	5,345,303	100.2	6,057	98.2	61,522	5,188,110
15	5,228,995	98.0	5,679	93.8	61,710	5,380,323
16	5,134,839	98.2	5,431	95.6	62,880	5,443,646
17	5,047,941	98.0	5,147	94.8	63,907	5,530,730
18	4,866,917	96.4	4,784	92.9	65,300	5,566,301
19	4,702,027	96.6	4,547	95.0	69,381	5,579,108
20	4,397,811	93.5	3,688	81.1	61,594	5,398,082
21	4,395,376	99.9	3,815	103.4	67,998	5,525,714
22	4,264,843	97.5	3,697	96.9	71,021	5,597,101
23	4,028,219	95.0	3,512	95.0	73,167	5,914,820

広告量の前年比は当該年と前年の共通媒体のみで再集計して算出
GDP は内閣府「国民経済計算確報」および「四半期別GDP 速報」による。いずれも暦年の数字

電通「日本の広告費」、「電通広告統計」をもとに作成

業種別・媒体別広告費（2023年）

業種 \ 広告費	新聞			雑誌			ラジオ			地上波テレビ			4媒体合計		
	広告費	構成比	前年比	広告費	構成比	前年比	広告費	構成比	前年比	広告費	構成比	前年比	広告費	構成比	前年比
1.エネルギー・素材・機械	398	1.1	103.4	102	0.9	109.7	215	1.9	88.1	2,715	1.7	98.0	3,430	1.6	98.2
2.食品	4,059	11.6	90.6	748	6.4	100.8	843	7.4	87.8	15,399	9.6	100.1	21,049	9.6	97.6
3.飲料・嗜好品	962	2.7	89.2	409	3.5	98.6	495	4.3	109.0	16,618	10.3	105.0	18,484	8.4	104.0
4.薬品・医療用品	1,847	5.3	112.6	233	2.0	99.6	794	7.0	107.4	10,386	6.4	101.1	13,260	6.1	102.9
5.化粧品・トイレタリー	2,082	5.9	103.5	1,222	10.5	96.7	478	4.2	90.5	14,506	9.0	90.0	18,288	8.3	91.8
6.ファッション・アクセサリー	681	1.9	87.2	2,583	22.2	107.3	67	0.6	136.7	1,797	1.1	81.7	5,128	2.3	94.3
7.精密機器・事務用品	260	0.8	98.1	629	5.4	112.5	34	0.3	85.0	612	0.4	91.6	1,535	0.7	100.2
8.家電・AV機器	111	0.3	75.0	466	4.0	95.5	85	0.7	106.3	3,054	1.9	86.8	3,716	1.7	87.7
9.自動車・関連品	323	0.9	85.0	323	2.8	91.0	746	6.5	93.5	6,537	4.1	88.1	7,929	3.6	88.5
10.家庭用品	568	1.6	94.0	290	2.5	75.5	227	2.0	111.8	4,682	2.9	101.2	5,767	2.6	99.2
11.趣味・スポーツ用品	469	1.3	69.5	622	5.3	92.6	238	2.1	108.2	4,996	3.1	100.7	6,325	2.9	96.9
12.不動産・住宅設備	1,452	4.1	90.7	398	3.4	104.2	649	5.7	108.0	8,623	5.4	97.7	11,122	5.1	97.5
13.出版	3,694	10.5	94.5	120	1.0	115.4	282	2.5	114.2	1,486	0.9	80.1	5,582	2.5	91.3
14.情報・通信	2,132	6.1	89.1	600	5.2	95.1	994	8.7	87.2	20,639	12.8	80.8	24,365	11.1	82.0
15.流通・小売業	5,001	14.3	88.9	477	4.1	100.4	666	5.9	109.7	8,645	5.4	102.3	14,789	6.8	97.6
16.金融・保険	1,006	2.9	83.7	299	2.6	98.4	610	5.4	101.7	13,090	8.1	97.3	15,005	6.9	96.5
17.交通・レジャー	5,266	15.0	114.9	1,077	9.3	120.6	855	7.5	105.7	7,665	4.8	119.0	14,863	6.8	116.8
18.外食・各種サービス	1,230	3.5	97.4	342	2.9	113.2	1,993	17.5	110.7	12,732	7.9	104.0	16,297	7.4	104.4
19.官公庁・団体	1,024	2.9	82.4	243	2.1	116.8	658	5.8	103.3	1,524	0.9	75.1	3,449	1.6	83.8
20.教育・医療サービス・宗教	1,204	3.4	94.1	379	3.3	87.5	356	3.1	100.3	3,512	2.2	99.4	5,451	2.5	97.4
21.案内・その他	1,351	3.9	94.9	68	0.6	123.6	105	0.9	58.7	1,732	1.1	111.3	3,256	1.5	101.3
合計	35,120	100.0	95.0	11,630	100.0	102.0	11,390	100.0	100.9	160,950	100.0	96.0	219,090	100.0	96.4

衛星メディア関連は除く

電通「2023年 日本の広告費」より

新聞社の総売上高（推計）と構成比

▶新聞社総売上高と構成比の推移

（単位：億円、%）

	総売上高		販売収入			広告収入			その他収入		
		前年比		前年比	構成比		前年比	構成比		前年比	構成比
2012年度	19,156	−1.9	11,519	−1.1	60.1	4,458	1.2	23.3	3,178	−8.9	16.6
13	19,000	−0.8	11,309	−1.8	59.5	4,417	−0.9	23.2	3,274	3.0	17.2
14	18,261	−3.9	10,762	−4.8	58.9	4,186	−5.2	22.9	3,313	1.2	18.1
15	17,906	−1.9	10,466	−2.8	58.4	3,984	−4.8	22.2	3,455	4.3	19.3
16	17,678	−1.3	10,209	−2.5	57.7	3,801	−4.6	21.5	3,668	6.2	20.7
17	17,119	−3.2	9,897	−3.1	57.8	3,549	−6.6	20.7	3,673	0.1	21.5
18	16,625	−2.9	9,502	−4.0	57.2	3,308	−6.8	19.9	3,815	3.9	22.9
19	16,524	−0.6	9,179	−3.4	55.5	3,092	−6.5	18.7	4,253	11.5	25.7
20	14,827	−10.3	8,620	−6.1	58.1	2,546	−17.7	17.2	3,661	−13.9	24.7
21	14,695	−0.9	8,232	−4.5	56.0	2,670	4.9	18.2	3,793	3.6	25.8
22	13,271	−9.7	6,625	−19.5	49.9	2,577	−3.5	19.4	4,069	7.3	30.7

新聞協会加盟新聞社の合計（推計）。年によって社数は異なる。2022年度は86社
集計数値は最新年度の前年度分を遡及修正している

▶収入構成比の変化

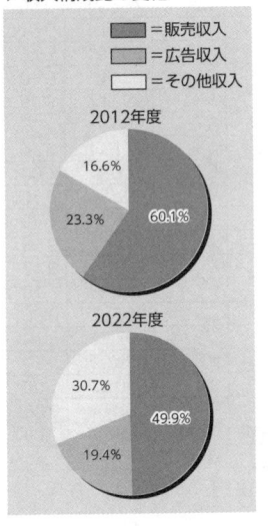

凡例：
= 販売収入
= 広告収入
= その他収入

2012年度
16.6%
23.3%
60.1%

2022年度
30.7%
19.4%
49.9%

▶新聞社総売上高と全産業売上高などの推移 （2013年度を100とした場合の指数）

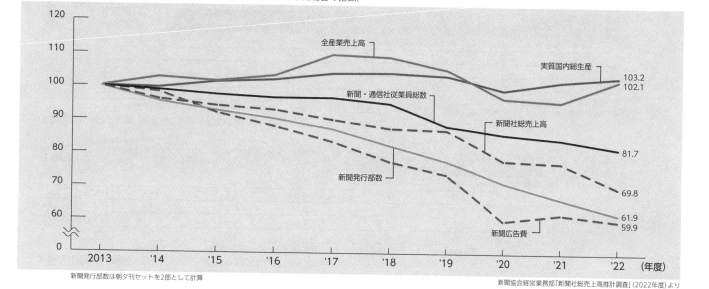

新聞発行部数は朝夕刊セットを2部として計算

新聞協会経営業務部「新聞社総売上高推計調査」（2022年度）より

新聞社の収入・費用構成

▶発行規模別収入構成（総収入を100とする構成比率、単位：％）

	販売収入	広告収入	その他営業収入	営業外収益	特別利益
約80万部以上社	46.2	17.1	33.8	1.8	1.0
約40万部以上社	60.2	21.3	14.7	2.6	1.2
約20万部以上社	59.3	22.3	16.0	2.0	0.4
20万部未満社	55.6	23.2	18.2	2.9	0.1

| 調査社平均 | 販売収入49.7（％） | 広告収入18.5 | その他営業収入28.9 | 営業外収益2.0 | 特別利益0.9 |

▶発行規模別費用構成（総費用を100とする構成比率、単位：％）

	用紙費	資材費	人件費	経費	営業外費用	特別損失	法人税等充当額
約80万部以上社	10.4	0.4	26.0	60.6	0.7	1.5	0.5
約40万部以上社	13.2	2.0	31.1	50.7	0.7	1.0	1.2
約20万部以上社	13.4	2.4	34.5	47.4	0.4	0.4	1.4
20万部未満社	13.2	3.0	30.6	50.4	1.0	0.3	1.6

| 調査社平均 | 用紙費11.2（％） | 資材費1.0 | 人件費27.7 | 経費57.5 | 営業外費用0.7 | 特別損失1.2 | 法人税等充当額0.8 |

固定サンプル39社の数字であり、加盟社全体の推計値とは異なる

新聞協会経営業務部「新聞事業の経営動向」（2022年度）より

新聞・通信社の従業員総数

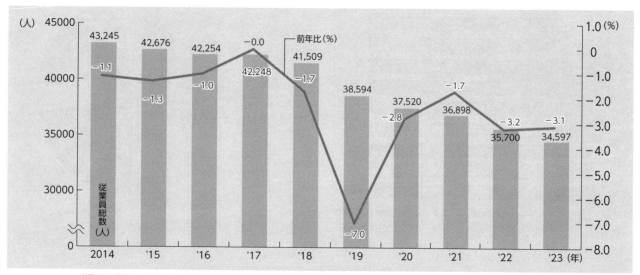

新聞協会加盟新聞・通信社の従業員総数。年によって社数は異なる。2023年は91社
18年までは有期契約の嘱託および定年後再雇用者を従業員に含めていたが、19年から除外している

新聞協会経営業務部「新聞・通信社の従業員数・労務構成調査」（毎年4月）より

部門別従業員数と構成比

▶部門別従業員構成比率（2023年）

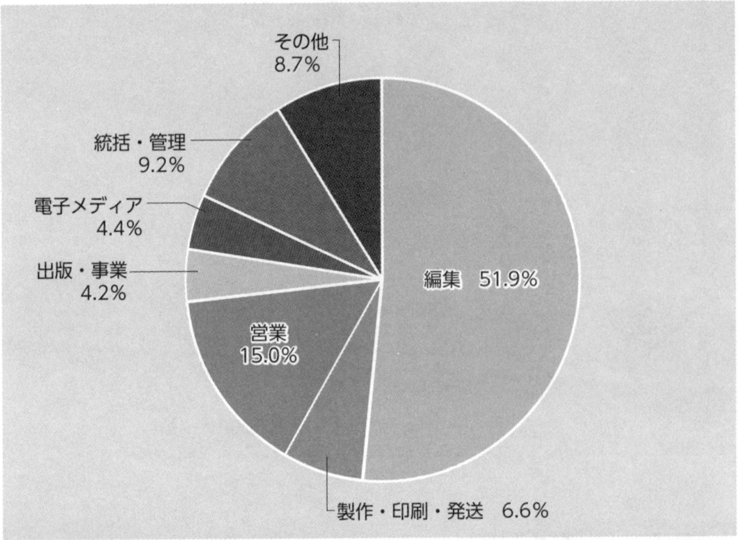

- その他 8.7%
- 統括・管理 9.2%
- 電子メディア 4.4%
- 出版・事業 4.2%
- 編集 51.9%
- 営業 15.0%
- 製作・印刷・発送 6.6%

回答89社　新聞協会経営業務部「新聞・通信社の従業員数・労務構成調査」（2023年4月）より

▶部門別従業員数の推移

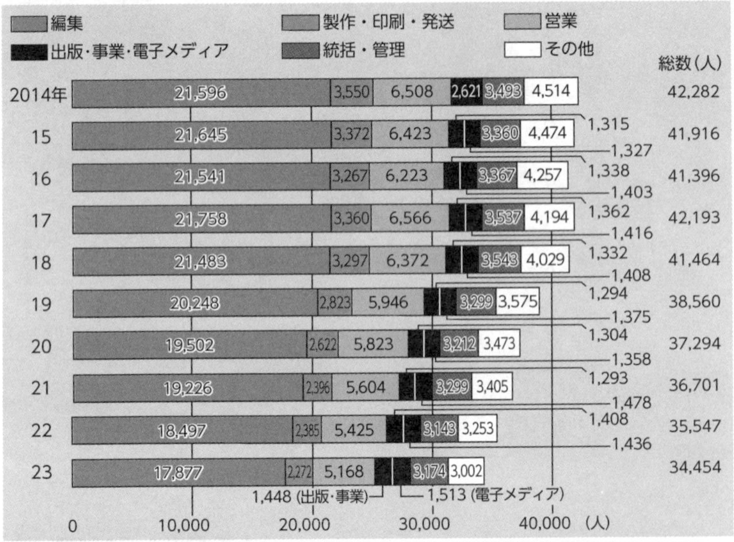

凡例: 編集　製作・印刷・発送　営業　出版・事業・電子メディア　統括・管理　その他

年	編集	製作・印刷・発送	営業	出版・事業・電子メディア	統括・管理	その他	総数（人）
2014年	21,596	3,550	6,508	2,621	3,493	4,514	42,282
15	21,645	3,372	6,423	3,360	4,474	1,315	41,916
16	21,541	3,267	6,223	3,367	4,257	1,338 / 1,327	41,396
17	21,758	3,360	6,566	3,537	4,194	1,403 / 1,362	42,193
18	21,483	3,297	6,372	3,543	4,029	1,416 / 1,332	41,464
19	20,248	2,823	5,946	3,299	3,575	1,408 / 1,294	38,560
20	19,502	2,622	5,823	3,212	3,473	1,375 / 1,304	37,294
21	19,226	2,396	5,604	3,299	3,405	1,358 / 1,293	36,701
22	18,497	2,385	5,425	3,143	3,253	1,478 / 1,408	35,547
23	17,877	2,272	5,168	3,174	3,002	1,436	34,454

1,448（出版・事業）　1,513（電子メディア）

0　10,000　20,000　30,000　40,000（人）

年によって社数は異なる。2023年は回答89社。部門別従業員数を回答していない社があるため、従業員総数は16ページの総数と一致しない
15年から出版・事業と電子メディアの両部門は別集計

17

年齢別従業員数と構成比

▶年齢別従業員数（2023年）

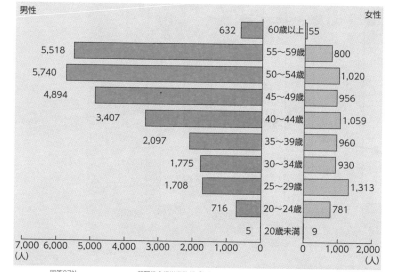

男性 / 女性

男性	年齢	女性
632	60歳以上	55
5,518	55〜59歳	800
5,740	50〜54歳	1,020
4,894	45〜49歳	956
3,407	40〜44歳	1,059
2,097	35〜39歳	960
1,775	30〜34歳	930
1,708	25〜29歳	1,313
716	20〜24歳	781
5	20歳未満	9

7,000 6,000 5,000 4,000 3,000 2,000 1,000 0 （人）
0 1,000 2,000 （人）

回答87社　　新聞協会経営業務部「新聞・通信社の従業員数・労務構成調査」（2023年4月）より

▶世代別従業員構成比率の推移

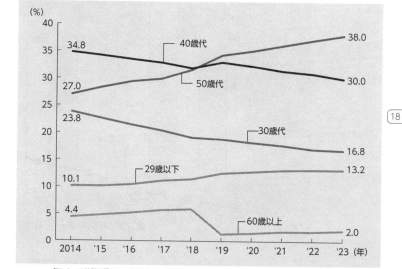

	2014	'23
40歳代	34.8	38.0
50歳代	27.0	30.0
30歳代	23.8	16.8
29歳以下	10.1	13.2
60歳以上	4.4	2.0

2014 '15 '16 '17 '18 '19 '20 '21 '22 '23 （年）

年によって社数は異なる。2023年は回答87社
四捨五入のため、構成比率の合計は100.0にならない場合がある

新聞協会経営業務部「新聞・通信社の従業員数・労務構成調査」（毎年4月）より

記者総数と女性記者の比率

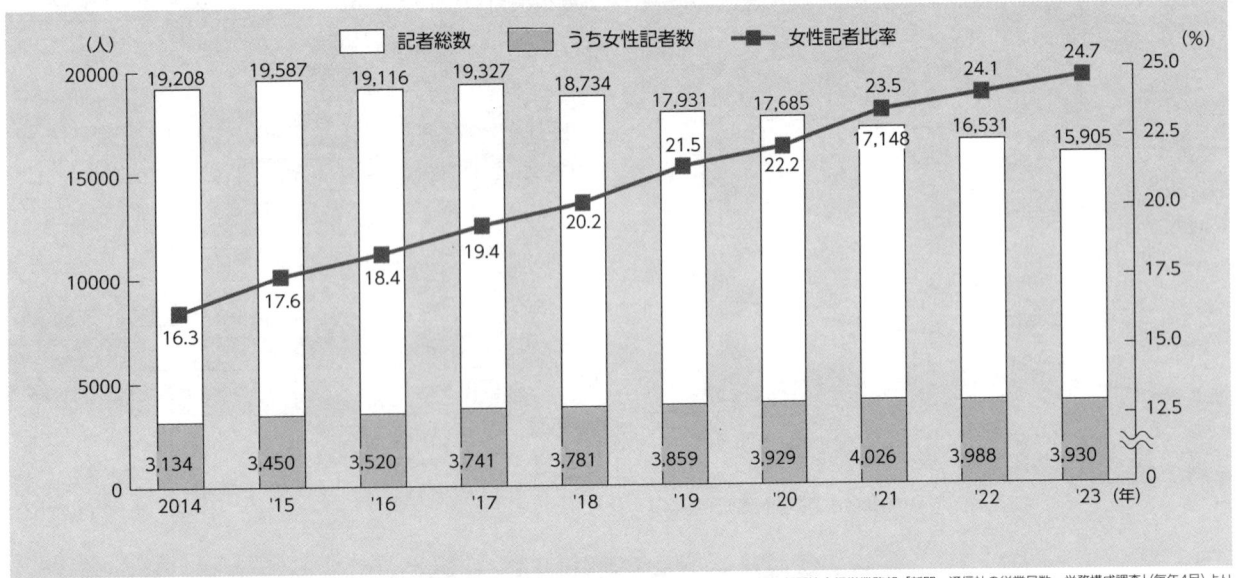

凡例: 記者総数　うち女性記者数　女性記者比率

年	記者総数	うち女性記者数	女性記者比率
2014	19,208	3,134	16.3
'15	19,587	3,450	17.6
'16	19,116	3,520	18.4
'17	19,327	3,741	19.4
'18	18,734	3,781	20.2
'19	17,931	3,859	21.5
'20	17,685	3,929	22.2
'21	17,148	4,026	23.5
'22	16,531	3,988	24.1
'23	15,905	3,930	24.7

調査回答社数は年によって異なる。2023年は89社

新聞協会経営業務部「新聞・通信社の従業員数・労務構成調査」(毎年4月)より

日本メディアの海外特派員

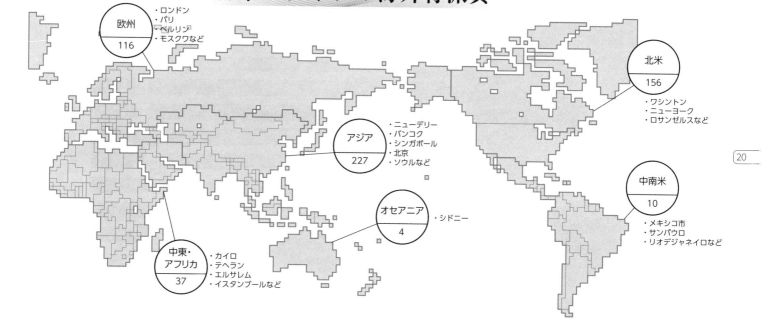

欧州
116
・ロンドン
・パリ
・ベルリン
・モスクワなど

北米
156
・ワシントン
・ニューヨーク
・ロサンゼルスなど

アジア
227
・ニューデリー
・バンコク
・シンガポール
・北京
・ソウルなど

中南米
10
・メキシコ市
・サンパウロ
・リオデジャネイロなど

オセアニア
4
・シドニー

中東・アフリカ
37
・カイロ
・テヘラン
・エルサレム
・イスタンブールなど

数字は延べ人数

新聞協会調べ（2023年7月現在）

20

新聞販売所従業員の構成

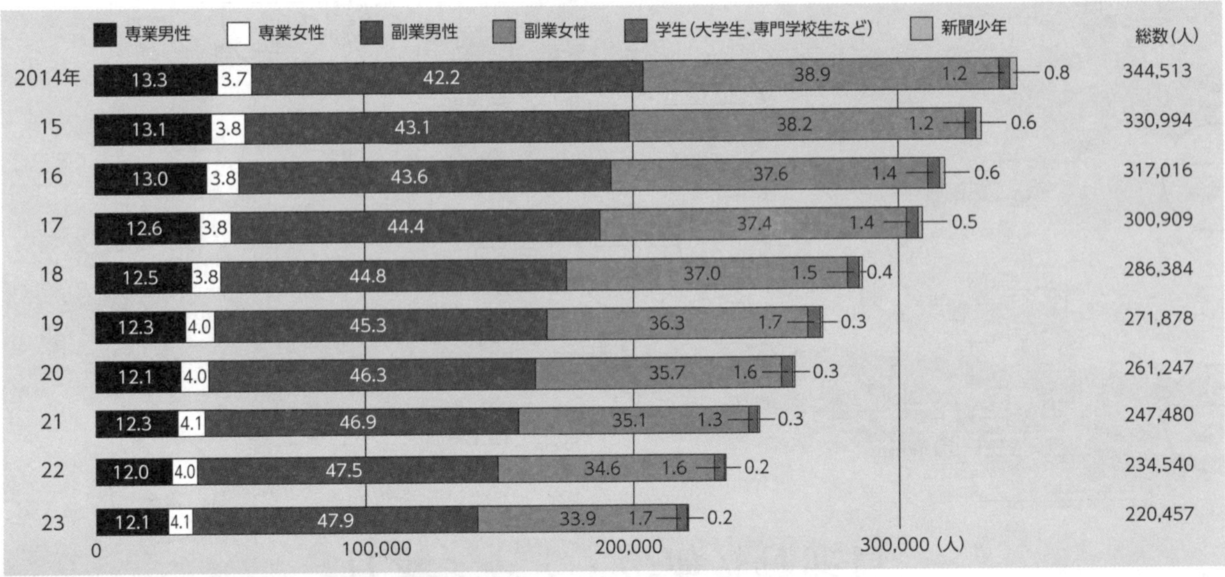

	専業男性	専業女性	副業男性	副業女性	学生（大学生、専門学校生など）	新聞少年	総数（人）
2014年	13.3	3.7	42.2	38.9	1.2	0.8	344,513
15	13.1	3.8	43.1	38.2	1.2	0.6	330,994
16	13.0	3.8	43.6	37.6	1.4	0.6	317,016
17	12.6	3.8	44.4	37.4	1.4	0.5	300,909
18	12.5	3.8	44.8	37.0	1.5	0.4	286,384
19	12.3	4.0	45.3	36.3	1.7	0.3	271,878
20	12.1	4.0	46.3	35.7	1.6	0.3	261,247
21	12.3	4.1	46.9	35.1	1.3	0.3	247,480
22	12.0	4.0	47.5	34.6	1.6	0.2	234,540
23	12.1	4.1	47.9	33.9	1.7	0.2	220,457

0　　　　　100,000　　　　　200,000　　　　　300,000（人）

棒グラフ内の数字は各年の従業員総数に占める属性別構成比（％）

21

新聞販売所数の推移

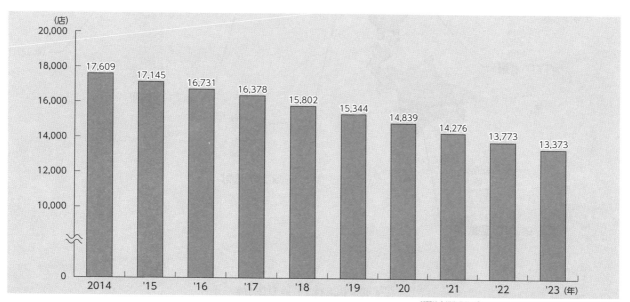

（店）

年	店数
2014	17,609
'15	17,145
'16	16,731
'17	16,378
'18	15,802
'19	15,344
'20	14,839
'21	14,276
'22	13,773
'23 (年)	13,373

新聞協会経営業務部「全国新聞販売所従業員総数調査」（毎年10月）より

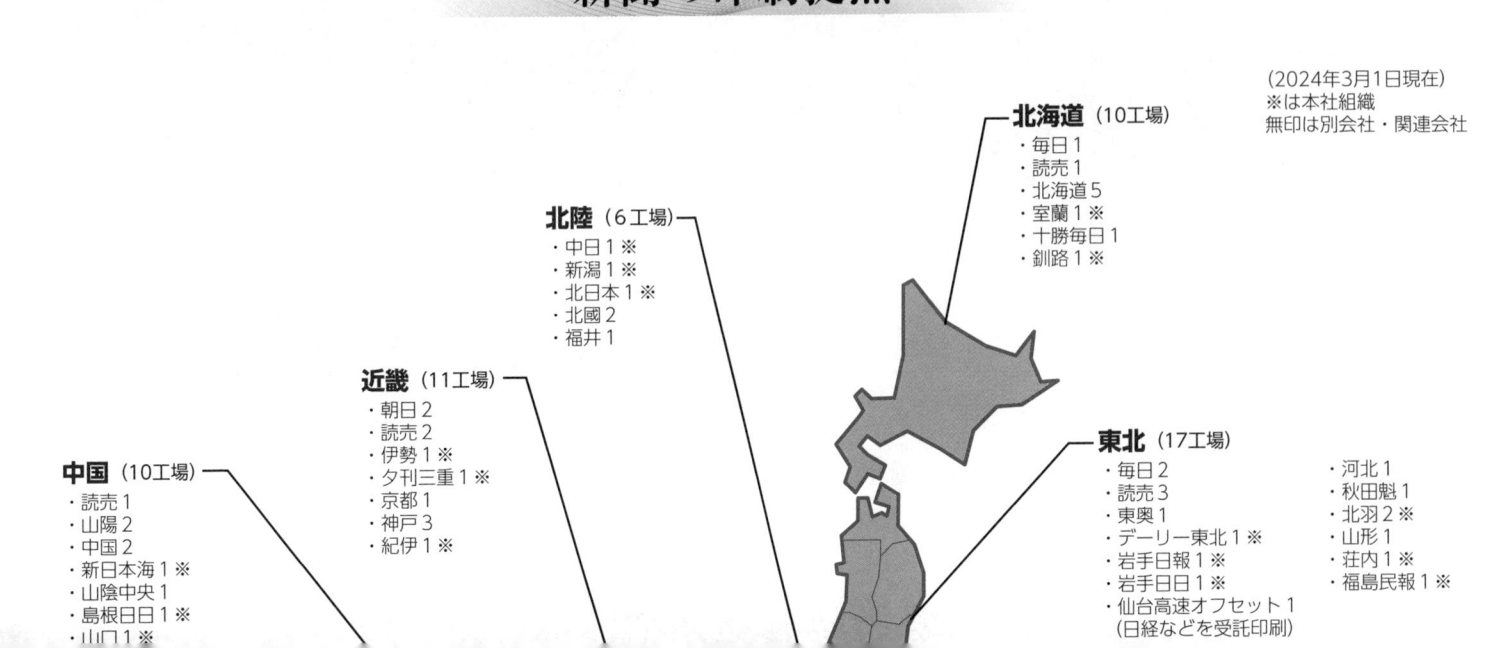

新聞の印刷拠点

（2024年3月1日現在）
※は本社組織
無印は別会社・関連会社

北海道（10工場）
・毎日 1
・読売 1
・北海道 5
・室蘭 1 ※
・十勝毎日 1
・釧路 1 ※

北陸（6工場）
・中日 1 ※
・新潟 1 ※
・北日本 1 ※
・北國 2
・福井 1

近畿（11工場）
・朝日 2
・読売 2
・伊勢 1 ※
・夕刊三重 1 ※
・京都 1
・神戸 3
・紀伊 1 ※

中国（10工場）
・読売 1
・山陽 2
・中国 2
・新日本海 1 ※
・山陰中央 1
・島根日日 1 ※
・山口 1 ※

東北（17工場）
・毎日 2
・読売 3
・東奥 1
・デーリー東北 1 ※
・岩手日報 1 ※
・岩手日日 1 ※
・仙台高速オフセット 1
（日経などを受託印刷）
・河北 1
・秋田魁 1
・北羽 2 ※
・山形 1
・荘内 1 ※
・福島民報 1 ※

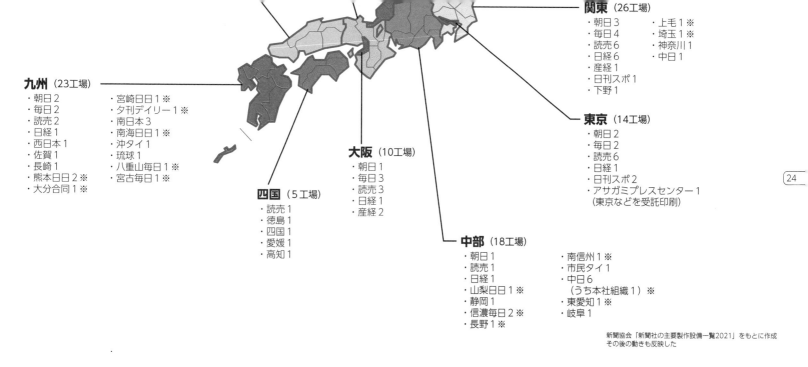

関東（26工場）
・朝日 3
・毎日 4
・読売 6
・日経 6
・産経 1
・日刊スポ 1
・下野 1
・上毛 1 ※
・埼玉 1 ※
・神奈川 1
・中日 1

東京（14工場）
・朝日 2
・毎日 2
・読売 6
・日経 1
・日刊スポ 2
・アサガミプレスセンター 1
（東京などを受託印刷）

九州（23工場）
・朝日 2
・毎日 2
・読売 2
・日経 1
・西日本 1
・佐賀 1
・長崎 1
・熊本日日 2 ※
・大分合同 1 ※
・宮崎日日 1 ※
・夕刊デイリー 1 ※
・南日本 3
・南海日日 1 ※
・沖タイ 1
・琉球 1
・八重山毎日 1 ※
・宮古毎日 1 ※

四国（5工場）
・読売 1
・徳島 1
・四国 1
・愛媛 1
・高知 1

大阪（10工場）
・朝日 1
・毎日 3
・読売 3
・日経 1
・産経 2

中部（18工場）
・朝日 1
・読売 1
・日経 1
・山梨日日 1 ※
・静岡 1
・信濃毎日 2 ※
・長野 1 ※
・南信州 1 ※
・市民タイ 1
・中日 6
　（うち本社組織 1）※
・東愛知 1 ※
・岐阜 1

24

新聞協会「新聞社の主要製作設備一覧2021」をもとに作成
その後の動きも反映した

新聞・通信社間の災害・障害発生時援助協定（2社間）

社名	締結先	
朝日	日刊スポ	★読売（大阪）
	山梨日日	★信濃毎日
	中日	岐阜
	紀伊	中国
	☆山口	☆西日本
	読売（西部）	宮崎日日
	☆南日本	
毎日	室蘭（と毎日新聞北海道センター）	
	東奥（と東日オフセット）	
	デーリー東北（と東日オフセット）	
	福島民報（と毎日新聞首都圏センター）	
	上毛（と毎日新聞北関東コア）	
	☆埼玉（と東日印刷）	
	中日（と毎日新聞GH）	
	★山陽（と毎日新聞GH）	
	道新総合印刷（と毎日新聞北海道センター）	
	☆かなしんオフセット（と毎日新聞首都圏センター）	
	佐賀新聞メディア印刷（と毎日新聞九州センター）	

社名	締結先	
日刊スポ西日本	☆日本農業	
北海道	☆室蘭（と道新総合印刷）	
	釧路（と道新総合印刷）	
	☆函館（と道新総合印刷）	
	東奥	中日
	西日本	
	かちまい印刷（と道新総合印刷）	
	毎日新聞北海道センター（と道新総合印刷）	
室蘭	★道新総合印刷	
	毎日新聞北海道センター	
十勝毎日	読売	釧路
	道新総合印刷	
釧路	十勝毎日	道新総合印刷
函館	★道新総合印刷	
東奥	北海道	東日オフセット
デーリー東北	岩手日日	東日オフセット
岩手日報	秋田魁	

社名	締結先	
埼玉	上毛	★東日印刷
神奈川	山梨日日	静岡
	★東日印刷	
千葉	★日経首都圏印刷	
山梨日日	朝日	日経
	産経	下野
	神奈川	静岡
	信濃毎日	
静岡	神奈川	山梨日日
	信濃毎日	中日
	岐阜	
信濃毎日	☆朝日	☆読売
	上毛	山梨日日
	静岡	中日
	新潟	
長野	市民タイ	

	河北	☆福島民友
	★信濃毎日	市民タイ
（大阪）	☆朝日	★北日本
	中国	新日本海
（西部）	朝日（西部）	西日本
	宮崎日日	
日経	山梨日日	中日
	神戸	西日本
産経	秋田魁	山形
	上毛	山梨日日
	福井	京都
	神戸	山陽
報知	★読売（東京）	
日刊工業	★朝日プリンテック	
	★日刊スポーツPRESS	
日刊スポ	朝日	
日本農業	★日刊スポ西日本	★西日本
	★日刊スポーツPRESS	
共同	時事	
時事	共同	

河北	読売	岩手日日
	山形	福島民報
	新潟	
秋田魁	産経	岩手日報
	北羽	山形
北羽	秋田魁	
山形	産経	河北
	秋田魁	福島民報
	新潟	
福島民報	河北	山形
	茨城	下野
	新潟	毎日新聞首都圏センター
福島民友	★読売（東京）	茨城
茨城	福島民報	福島民友
	下野	上毛
下野	福島民報	茨城
	上毛	山梨日日
上毛	産経	茨城
	下野	埼玉
	信濃毎日	新潟
	毎日新聞北関東コア	

中日	朝日	毎日新聞GH
	日経	北海道
	静岡	信濃毎日
	岐阜	北日本
	神戸	中国
	西日本	
東愛知	★日経西日本製作センター	
岐阜	朝日	静岡
	中日	
新潟	河北	山形
	福島民報	上毛
	信濃毎日	
北日本	☆読売（大阪）	中日
福井	産経	京都
夕刊三重	☆朝日プリンテック	

26

★片務（依頼側）
☆片務（支援側）
相互は印なし
毎日新聞GH＝毎日新聞グループホールディングス

（次ページへ続く）

社名	締結先	
京都	産経	福井
	神戸	山陽
神戸	日経	産経
	中日	京都
	中国	徳島
紀伊	朝日	
山陽	☆毎日新聞GH	産経
	京都	中国
	新日本海	山陰中央
	徳島	四国
	高知	
中国	朝日	読売(大阪)
	中日	神戸
	山陽	愛媛
	西日本	
新日本海	読売(大阪)	山陽
山陰中央	山陽	
山口	★朝日	

社名	締結先	
徳島	神戸	山陽
四国	山陽	
愛媛	中国	大分合同
高知	山陽	大分合同
西日本	★朝日	日経
	読売(西部)	☆日本農業
	北海道	中日
	中国	佐賀
	熊本日日	大分合同
	琉球	
佐賀	西日本	長崎
	熊本日日	
	毎日新聞九州センター(と佐賀新聞メディア印刷)	
長崎	佐賀	
熊本日日	西日本	佐賀
	大分合同	
大分合同	愛媛	高知
	西日本	熊本日日
	宮崎日日	

社名	締結先	
宮崎日日	朝日	読売(西部)
	大分合同	
南日本	★朝日	
沖タイ	琉球	
琉球	西日本	沖タイ
八重山毎日	宮古毎日	
宮古毎日	八重山毎日	

相互　58社103協定(印なし)
片務　22社22協定(★依頼側、☆支援側)
　　　(2024年1月現在)
　　　※社数は協会会員社のみ集計

新聞製作

新聞・通信社間の災害・障害発生時援助協定(3社間以上)

社　名	備　考
朝日、読売、日経	
毎日、毎日新聞首都圏センター、福島民報	
毎日、福島民報、上毛、下野	
毎日、毎日新聞首都圏センター、下野、下野新聞印刷センター	
毎日、毎日新聞九州センター、大分合同	
読売（東京）、トッパンメディアプリンティング北海道、室蘭	
読売（東京）、トッパンメディアプリンティング北海道、北海道、道新総合印刷	
読売（東京）、青森読売プリントメディア、デーリー東北	
☆読売（東京）、☆青森読売プリントメディア、★津軽新報社	
読売（大阪）、関西図書印刷、福井、福井新聞印刷センター	
★日本農業、☆中日、★朝日プリンテック	
北海道、道新総合印刷、東奥、東奥日報印刷センター	
東奥、岩手日報、秋田魁、山形、福島民報	【東北5社協定】
岩手日報、秋田魁、北日本	
茨城、下野、上毛、埼玉、神奈川、千葉、山梨日日	【関東7社協定】
信濃毎日、新潟、北日本、北國、福井	【北信越5社協定】
岐阜、北日本、福井	
山陽、中国、新日本海、山陰中央	【中国4社協定】
四国、徳島、愛媛、高知	【四国4社協定】
西日本、佐賀、長崎	【3社連携に関する協定】
西日本、佐賀、長崎、熊本日日、大分合同、宮崎日日、南日本、沖タイ、琉球	【九州・沖縄9紙合同サイト協議会(Press9)】
熊本日日、宮崎日日、南日本	【南九州3社協定】

28

相互　42社20協定（印なし）
片務　3社2協定（★依頼側、☆支援側）
　　　（2024年1月現在）
※社数は新聞協会会員社のみ集計

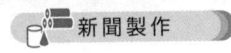

新聞用紙の生産と消費

（単位：トン、重量ベース）

	生産			払い出し				
				新聞社向け			輸 出	計
	国内生産	輸入外紙入荷量	計	国内払い出し	輸入外紙消費量	計		
2013年	3,258,555	123	3,258,678	3,246,699	123	3,246,822	2,008	3,248,830
14	3,174,733	184	3,174,917	3,180,380	184	3,180,564	1,084	3,181,648
15	3,022,299	54	3,022,353	3,033,222	54	3,033,276	1,149	3,034,425
16	2,917,510	43	2,917,553	2,925,585	43	2,925,628	592	2,926,220
17	2,778,726	7	2,778,733	2,777,489	7	2,777,496	0	2,777,496
18	2,593,611	10	2,593,621	2,609,038	10	2,609,048	0	2,609,048
19	2,422,120	0	2,422,120	2,408,425	0	2,408,425	0	2,408,425
20	2,061,406	0	2,061,406	2,099,162	0	2,099,162	0	2,099,162
21	1,977,960	0	1,977,960	2,001,229	0	2,001,229	0	2,001,229
22	1,854,148	0	1,854,148	1,864,065	0	1,864,065	0	1,864,065
23	1,666,486	0	1,666,486	1,680,674	0	1,680,674	0	1,680,674

国内生産＝2016年までは製紙メーカーの海外合弁工場の生産を含む
国内払い出し＝製紙メーカーによる国内向け新聞用紙の出荷高
輸入外紙消費量＝新聞協会加盟社が商社または印刷会社から入手した輸入外紙の使用量

新聞協会経営業務部調べ

国内で生産される新聞用紙の種類

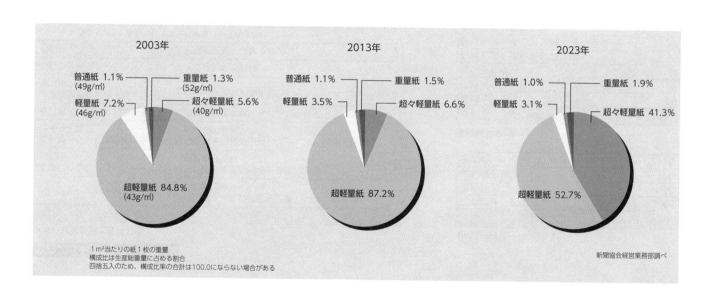

2003年

普通紙 1.1%
(49g/㎡)
軽量紙 7.2%
(46g/㎡)
重量紙 1.3%
(52g/㎡)
超々軽量紙 5.6%
(40g/㎡)
超軽量紙 84.8%
(43g/㎡)

2013年

普通紙 1.1%
軽量紙 3.5%
重量紙 1.5%
超々軽量紙 6.6%
超軽量紙 87.2%

2023年

普通紙 1.0%
軽量紙 3.1%
重量紙 1.9%
超々軽量紙 41.3%
超軽量紙 52.7%

1㎡当たりの紙1枚の重量
構成比は生産総重量に占める割合
四捨五入のため、構成比率の合計は100.0にならない場合がある

新聞協会経営業務部調べ

デジタルメディアを活用した新聞・通信社の情報サービス

総合ニュースサービスの概況

▶サービス分類と提供方法

サービス分類	提供方法	件数
ペイウォール型（※1）	無料記事＋有料会員限定記事 一部記事は無料	44
本紙購読者限定ペイウォール型（※2）	無料記事＋本紙購読者会員限定記事 一部記事は無料	7
有料電子サービス会員限定ペイウォール型	無料記事＋自社の別有料サービス会員限定記事 一部記事は無料	5
有料電子版・サービス（※1）	当該サービスの購入者のみ利用可能	21
本紙購読者限定電子版・サービス（※2）	本紙購読者のみ利用可能	8
無料ニュースサイト	すべての記事が無料	31
その他	上記類型に当てはまらない	2

※1　本紙購読者は追加負担なしで閲覧可能なサービスを含む
※2　本紙を購読した上で有料契約が必要なサービスおよび本紙配達区域外の非購読者に限り有料
　　契約で閲読可能なサービスを含む

▶収益モデル

収益モデル	件数
有料課金・広告併用	46
広告単独	36
有料課金単独	26
その他	10

▶会員制度の形態

制度分類	件数
有料会員単独	19
購読者会員単独	7
無料会員単独	4
有料会員＋購読者会員	16
有料会員＋購読者会員＋無料会員	22
有料会員＋無料会員	14
購読者会員＋無料会員	3
会員制なし	33

新聞協会メディア開発委員会「デジタルメディアを活用した新聞・通信社の情報サービス現況調査」（2023年4月現在）をもとに作成

ニュースコンテンツの外部配信

▶ニュースサイト・アプリへの提供（複数回答）

配信先	社数
Yahoo	64
LINE	60
SmartNews	54
Google News Showcase	52
NTT docomo	51
ノアドット	46
goo	40
msn	40
グノシー	29
au	24
NewsPicks	11
配信していない	9

▶放送局、電光ニュース・デジタルサイネージへの提供（複数回答）

提供先	社数
系列・関連テレビ局	10
その他テレビ局	6
系列・関連ラジオ局	22
その他ラジオ局	25
系列・関連CATV	13
その他CATV	16
街頭ビジョン	26
交通系	16
企業・官公庁	17
サイネージ自社設置	26

新聞協会メディア開発委員会「デジタルメディアを活用した新聞・通信社の情報サービス現況調査」（2023年4月現在）をもとに作成
回答のあった81新聞・通信社の取り組み

新聞オーディエンスの実態

▶新聞への接触頻度　(n=1,200)

	構成比(%)
新聞オーディエンス	86.9
毎日見る（エプリデーオーディエンス）	44.4
週1回以上見る（ウイークリーオーディエンス）	14.2
月1回以上見る（マンスリーオーディエンス）	2.7
月1回未満、または普段は全く見聞きしないが、見る機会がある（拡張オーディエンス）	25.7
非新聞オーディエンス	12.3
無回答	0.8

　新聞の定期購読者に加えて、購読の有無や頻度を問わずさまざまな目的や状況に応じて新聞を読む人や、SNSで拡散された新聞社発の情報を入手する人などを含めて「新聞オーディエンス」と定義した。

▶新聞オーディエンスの年代別構成（単位：%）

	15～19歳	20～29歳	30～39歳	40～49歳	50～59歳	60～69歳	70～79歳	平均年齢（歳）
新聞オーディエンス計	4.8	10.5	14.5	18.8	16.5	20.0	15.0	50.0
毎日見る	2.3 / 4.3	6.0	15.4	18.6	28.1	25.3		57.8
週1回以上＋月1回以上見る	5.0	15.3	23.3	23.8	16.8	11.9	4.0	43.0
月1回未満見る	9.1	17.9	23.4	21.4	12.7	11.4	4.2	41.1
非新聞オーディエンス	14.2	24.3	23.0	16.9	8.8	7.4	5.4	37.5
全体	6.2	12.3	15.6	18.4	15.5	18.3	13.7	48.3

四捨五入のため、構成比率の合計は100.0にならない場合がある

新聞協会広告委員会「新聞オーディエンス調査」(2023)より
2022年9月～10月に実施

主要メディアの接触状況

▶各メディアに接触している人の割合（単位：%）

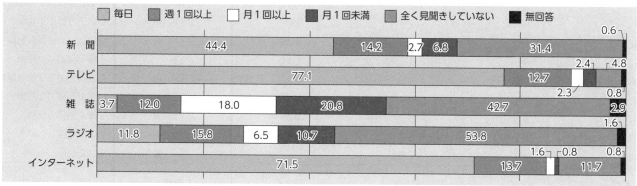

n=1,200
新聞は紙のほか、インターネット経由で見聞きする新聞の情報を含む。テレビ、雑誌、ラジオについても同様
四捨五入のため、構成比率の合計は100.0にならない場合がある

新聞協会広告委員会「新聞オーディエンス調査」（2023）より

34

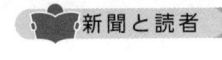

メディアに対する印象と評価

▶各メディアの印象・評価（複数回答、単位％）

項目	新聞	テレビ	雑　誌	ラジオ	インターネット
知的である	※　60.3	25.7	5.3	7.7	14.8
安心できる	※　49.9	41.3	2.9	8.4	18.0
情報が正確である	※　47.3	38.0	2.6	6.8	19.8
情報の信頼性が高い	※　45.5	37.8	1.8	5.3	20.3
教養を高めるのに役立つ	※　45.3	31.9	8.8	6.4	30.3
接触が大切だと思う	43.7	44.9	3.1	6.6	25.9
情報が整理されている	※　43.6	37.8	2.9	3.2	25.2
地域に密着している	※　41.8	30.1	2.3	9.3	18.1
読んだことが記憶に残る	40.0	44.8	6.3	5.5	37.5
情報の重要度がよく分かる	36.5	43.5	1.5	3.3	21.7
情報が詳しい	36.4	37.7	4.1	3.0	37.6
物事の全体像等を把握できる	36.3	43.4	2.8	2.7	24.8
社会に対する影響力がある	36.1	66.8	4.3	5.8	41.7

親戚活動の重要な情報源	55.3	23.1	5.3	3.3	38.6
仕事に役立つ	34.8	34.0	3.8	4.8	36.8
バランスよく情報を得られる	33.8	42.3	1.8	3.9	27.8
世の中の動きを幅広く捉えている	33.3	46.5	1.8	2.8	28.4
情報源として欠かせない	33.0	53.0	1.8	6.5	46.7
情報量が多い	32.6	44.1	4.0	3.3	45.7
世論を形成する力がある	32.5	51.9	2.6	4.1	27.3
自分の視野を広げてくれる	31.9	44.0	7.9	6.8	47.4
中立・公正である	※ 31.8	27.9	1.3	3.6	13.5
日常生活に役立つ	31.3	52.8	4.1	7.3	48.9
分かりやすい	29.5	58.2	3.4	4.7	37.5
親しみやすい	27.5	58.2	4.5	11.3	40.3
話のネタになる	21.4	51.3	5.8	7.2	54.3
情報が速い	12.6	46.0	0.9	7.7	56.9

n=1,200
新聞は紙のほか、インターネット経由で見聞きする新聞の情報を含む。テレビ、雑誌、ラジオについても同様
※印は新聞への評価が最も高い項目

新聞協会広告委員会「新聞オーディエンス調査」（2023）より

SDGsの取り組みに関心が高い新聞読者

　「SDGs（国連の持続可能な開発目標）」を知っている新聞読者の69.1％、「カーボンニュートラル・脱炭素」を知っている新聞読者の65.1％が、これらの社会課題に関する取り組みに「とても関心がある」「やや関心がある」と答えました。一方、新聞低関与者の関心は、いずれも40％台にとどまります。新聞読者は、持続可能な社会の実現に向けた対応に高い関心を持っていることがうかがえます。

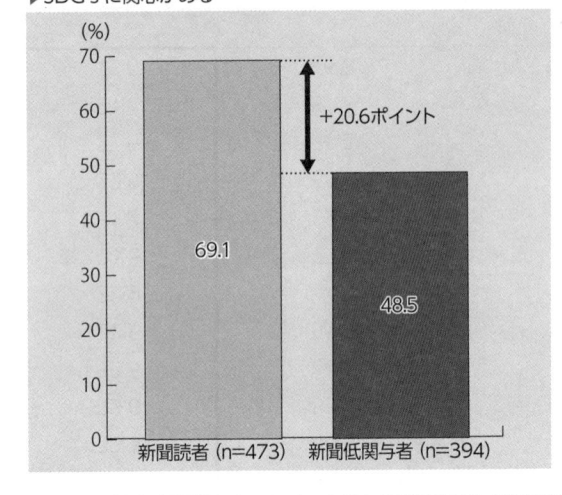

▶SDG s に関心がある

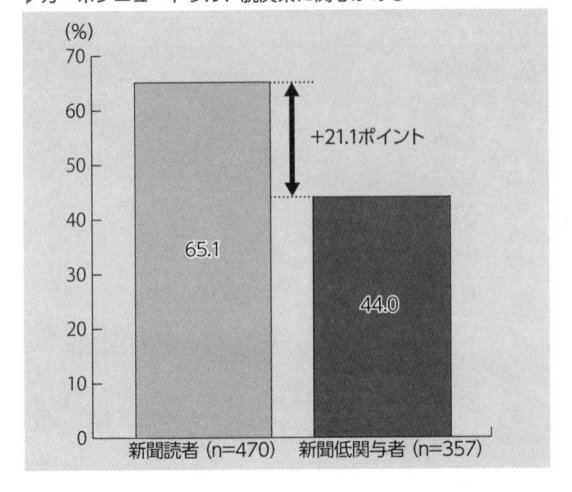

▶カーボンニュートラル、脱炭素に関心がある

37

調査では、新聞（電子版やインターネット経由の情報を含む）に週1日以上接している人を「新聞読者」、それ以外を「新聞低関与者」と定義
かっこ内の数字は、両者のうち「SDGs」や「カーボンニュートラル・脱炭素」を知っていると回答した人の数
調査は2023年1月20〜22日に実施。15〜79歳までの男女1000人が対象

SNSで幅広く共有される新聞社発の情報

SNSで新聞広告について投稿、反応・シェアした経験がある200人に聞いたところ、新聞社が発信する情報のうち、SNSで発信したい・発信してもいいとの回答があった項目の上位は、「芸能・映画・演劇・音楽」「旅行」「ファッション・美容」「流行もの」「スポーツの結果・成績・記録・解説」でした。15～19歳と20代は「アニメ・漫画」、30代は「目をひいた新聞広告」「書籍・雑誌」、40代は「新商品・新サービス」「防災・災害・復興関連」なども多く挙げられました。年齢によって興味・関心を持つ分野が異なり、新聞社が発信するさまざまな情報がSNS上で幅広く投稿・共有されていることが分かります。

（単位：%）

	全体	15～19歳	20代	30代	40代	50代	60代	70代
芸能・映画・演劇・音楽	30.5	35.5	54.8	31.8	18.8	25.0	30.4	15.4
旅行	24.5	22.6	25.8	18.2	22.9	15.6	30.4	53.8
ファッション・美容	20.0	35.5	38.7	22.7	8.3	12.5	13.0	7.7
流行もの	20.0	22.6	35.5	22.7	16.7	12.5	13.0	15.4
スポーツの結果・成績・記録・解説	20.0	9.7	12.9	18.2	31.3	31.3	8.7	15.4
アニメ・漫画	18.5	32.3	35.5	22.7	16.7	6.3	4.3	0.0
新商品・新サービス	18.0	12.9	12.9	4.5	18.8	18.8	34.8	30.8
医療・健康・福祉	17.5	6.5	19.4	9.1	12.5	28.1	30.4	23.1
地域・地元の情報	17.5	6.5	9.7	18.2	10.4	18.8	34.8	53.8
政治・経済	16.0	12.9	12.9	18.2	10.4	21.9	17.4	30.8
目をひいた新聞広告	14.0	6.5	12.9	27.3	10.4	21.9	17.4	0.0
防災・災害・復興関連	14.0	6.5	9.7	13.6	16.7	12.5	17.4	30.8
書籍・雑誌	13.5	9.7	16.1	27.3	12.5	12.5	13.0	0.0
環境問題	13.5	6.5	12.9	13.6	6.3	15.6	26.1	30.8

n＝200（SNSで新聞広告について投稿、または「いいね」などの反応やシェアの経験がある人を抽出）
新聞社が発信する情報のうち、SNSで発信したい・発信してもいいと回答した人を集計
調査は2023年1月20日から22日に実施

新聞協会「SDGs・SNSの視点から見た新聞メディア・新聞広告」調査（2023）

記事の満足度と戸別配達のニーズ

▶新聞記事の満足度（単位：％）

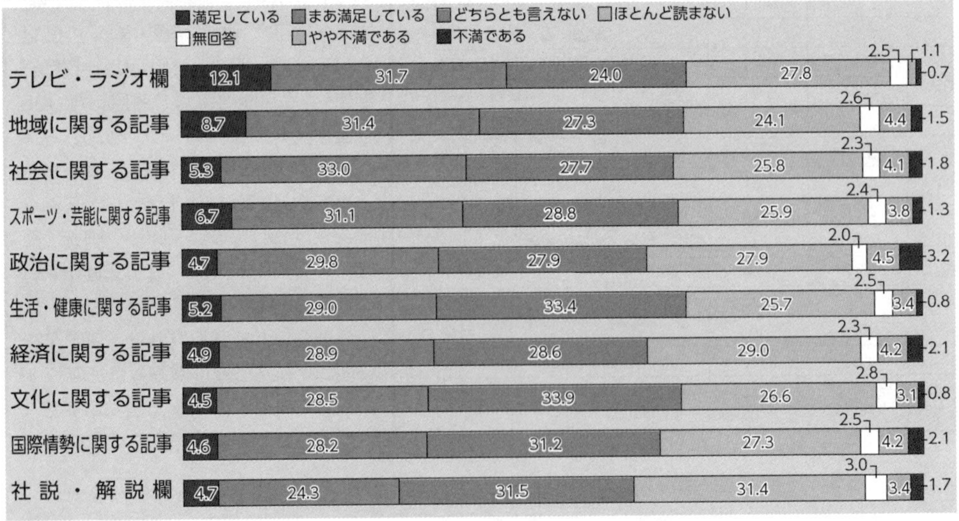

凡例：
- ■ 満足している
- ■ まあ満足している
- ▨ どちらとも言えない
- □ ほとんど読まない
- □ 無回答
- ▨ やや不満である
- ■ 不満である

記事	満足している	まあ満足している	どちらとも言えない	ほとんど読まない	無回答	やや不満である	不満である
テレビ・ラジオ欄	12.1	31.7	24.0	27.8	2.5	1.1	0.7
地域に関する記事	8.7	31.4	27.3	24.1	2.6	4.4	1.5
社会に関する記事	5.3	33.0	27.7	25.8	2.3	4.1	1.8
スポーツ・芸能に関する記事	6.7	31.1	28.8	25.9	2.4	3.8	1.3
政治に関する記事	4.7	29.8	27.9	27.9	2.0	4.5	3.2
生活・健康に関する記事	5.2	29.0	33.4	25.7	2.5	3.4	0.8
経済に関する記事	4.9	28.9	28.6	29.0	2.3	4.2	2.1
文化に関する記事	4.5	28.5	33.9	26.6	2.8	3.1	0.8
国際情勢に関する記事	4.6	28.2	31.2	27.3	2.5	4.2	2.1
社説・解説欄	4.7	24.3	31.5	31.4	3.0	3.4	1.7

n=2,871
四捨五入のため、構成比率の合計は100.0にならない場合がある

新聞通信調査会「第16回メディアに関する全国世論調査」（2023年）をもとに作成

▶新聞の戸別配達のニーズ（単位：％）

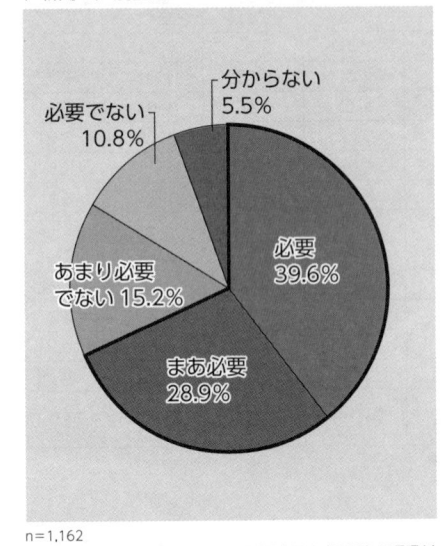

- 分からない 5.5%
- 必要でない 10.8%
- あまり必要でない 15.2%
- 必要 39.6%
- まあ必要 28.9%

n=1,162

新聞公正取引協議委員会調べ（2023年11月現在）

NIE実践と学力

●NIEは、Newspaper in Education（教育に新聞を）の略。学校や家庭、地域などで新聞を生きた教材とする活動です。新聞協会は毎年度、全国で500以上の小中高校をNIE実践指定校に認定し、一定期間新聞を提供して授業で活用してもらう活動を進めています。

新聞協会NIE委員会が小中学校のNIE実践校を対象に実施した「NIEの学習効果を調べるアンケート」によると、週1回以上実践している学校の全国学力テスト（2019年）の平均正答率は全国平均より高い傾向にあります。朝の時間などに継続して新聞を読む活動「NIEタイム」の実施校ではさらに高く、学校全体での日常的なNIEの取り組みが学力向上につながることがうかがえます。

国語の記述式問題で「最後まで解答を書こうと努力した」児童生徒の割合もNIEタイム実施校では全国平均より高い結果が出ています。小中学校とも「書く力」「読む力」が伸びたとの回答が7〜9割を占めました。

▶NIE実践と全国学力テスト平均正答率・解答意欲との相関関係

【小学校】（37都道府県47校）

	教科	回答校平均正答率（％）	全国平均との差（単位＝ポイント）
NIEを週1回以上実践（22校）	国語	68.8	+4.8
	算数	69.8	+3.1
NIEを週1回以上、かつNIEタイムを実施（21校）	国語	69.4	+5.4
	算数	70.0	+3.3
最後まで解答を書こうと努力した（NIEタイム実施28校）		87.6	+7.1

【中学校】（40都道府県52校）

	教科	回答校平均正答率（％）	全国平均との差（単位＝ポイント）
NIEを週1回以上実践（22校）	国語	76.8	+3.6
	数学	62.5	+2.2
NIEを週1回以上、かつNIEタイムを実施（18校）	国語	77.7	+4.5
	数学	62.9※	+2.6
最後まで解答を書こうと努力した（NIEタイム実施26校）		83.6	+3.5

※18校中2校は無回答。平均正答率は16校で算出

▶NIE実践による「書く力」「読む力」の変化

【小学校】（47校）

	「書く力」の変化回答校	「読む力」の変化回答校
大幅に伸びた	3	4
伸びた	24	19
少し伸びた	16	22
変化は見られない	3	1
その他	1	1

【中学校】（52校）

	「書く力」の変化回答校	「読む力」の変化回答校
大幅に伸びた	3	1
伸びた	20	17
少し伸びた	18	19
変化は見られない	11	14
その他	0	1

新聞協会NIE委員会「NIEの学習効果を調べるアンケート」結果をもとに作成（2019年11-12月実施）

新聞を読む頻度と学力

▶全国学力テストの平均正答率と新聞閲読頻度の相関

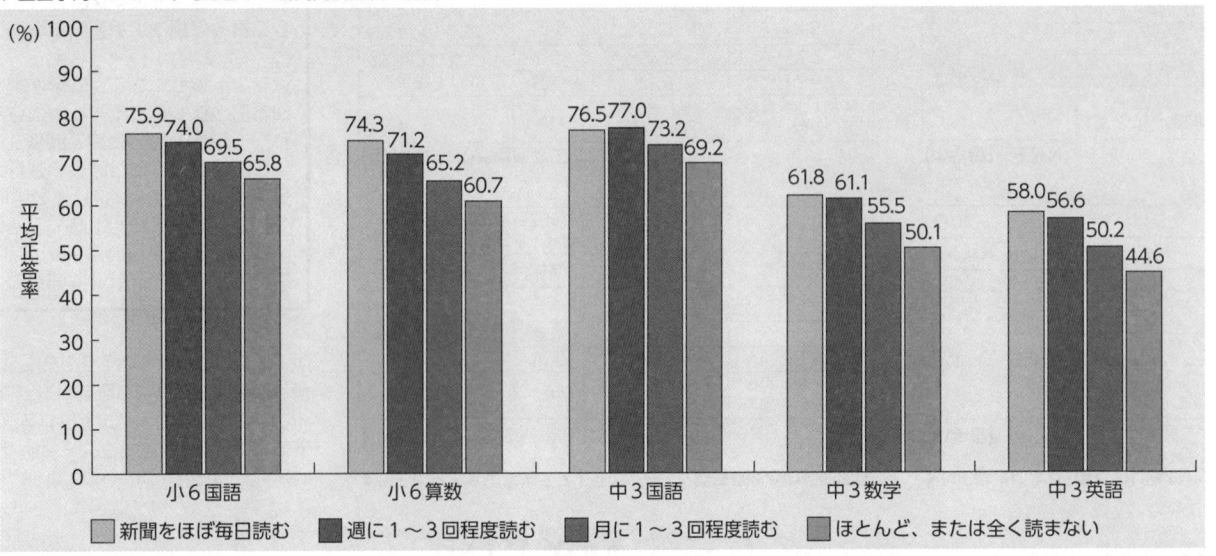

文部科学省「令和5年度全国学力・学習状況調査」クロス集計をもとに作成

新聞閲読と読解力の国際比較

▶「新聞閲読」「ニュースへの関心」の度合いと読解力の平均得点

国・地域		新聞閲読		ニュースへの関心		
		読む	読まない	紙でもデジタル機器でも同じくらい読む	紙で読むことのほうが多い	まったく関心がない
OECD加盟国	日本	531	498	524	504	445
	オーストラリア	514	504	524	479	471
	カナダ	537	524	-	-	-
	エストニア	542	517	540	500	492
	フィンランド	541	515	549	525	482
	フランス	504	496	511	468	460
	ドイツ	526	504	543	499	463
	アイルランド	519	519	540	491	476
	イタリア	484	478	485	461	430
	韓国	542	507	538	512	460

国・地域		新聞閲読		ニュースへの関心		
		読む	読まない	紙でもデジタル機器でも同じくらい読む	紙で読むことのほうが多い	まったく関心がない
加盟国	オランダ	536	495	-	-	-
	ニュージーランド	509	509	528	483	473
	イギリス	519	505	535	480	476
	アメリカ	504	509	508	454	484
	平均	497	489	508	467	457
非加盟国・地域	北京・上海・江蘇・浙江	571	550	-	-	-
	香港	540	516	553	531	473
	台湾	521	498	542	502	454
	シンガポール	568	539	572	554	502

対象は義務教育終了段階の15歳児、日本は高校1年に相当
「読む」は「週に数回」「月に数回」、「読まない」は「月に1回ぐらい」「年に数回」「まったく、またはほとんどない」と回答した生徒

国立教育政策研究所編「OECD生徒の学習到達度調査（PISA）2018年調査国際結果報告書」をもとに作成

　経済協力開発機構（OECD）の「生徒の学習到達度調査（PISA）2018年」によると、ほとんどの国・地域で、新聞を閲読する生徒は閲読しない生徒よりも読解力の平均得点がおおむね高いことが分かります。

　さまざまなテキストや図・グラフが載っている新聞に親しむことは、生徒の読む力に好影響を与えています。

新聞界の第3次自主行動計画の推進

新聞協会は2016年12月から「環境対策に関する第3次自主行動計画」を推進しています。エネルギーの使用効率を表すエネルギー消費原単位を、30年度まで年平均1％削減することが目標です。13年度を基準年としています。

エネルギー消費原単位は、省エネ法に準拠した考え方です。以下の方法で算出します。

エネルギー消費原単位＝
エネルギー消費量÷事務所や工場の延べ床面積
（原油換算・kl）　　　　　　　（千㎡）

地球温暖化防止に向け、新聞協会はエネルギー使用の効率改善に取り組んでいます。

22年度のエネルギー消費原単位は、13年度比で年平均4.2％減となり、目標を上回る水準で推移しています。

▶エネルギー消費原単位の推移

年度	2013	16	17	18	19	20	21	22
エネルギー消費原単位	93.80	81.99	78.46	74.07	70.76	67.94	66.42	63.54
年平均削減率		△4.4%	△4.4%	△4.6%	△4.6%	△4.5%	△4.2%	△4.2%
エネルギー消費量（原油換算・万kl）	23.38	21.37	20.54	19.19	18.49	17.38	16.91	16.04
延べ床面積（千㎡）	2,492	2,606	2,618	2,591	2,613	2,558	2,546	2,525

新聞協会加盟新聞・通信社が対象。2022年度の回答社数は101
エネルギー消費量、延べ床面積が過去にさかのぼって修正申告されることがある。そのためエネルギー消費原単位を含めて過去のデータブック記載の数値と異なる場合がある

▶自主行動計画の変遷

新聞協会は2007年10月、「日本新聞協会の環境対策に関する自主行動計画」を策定しました。
その後、13年4月に第2次、16年12月に第3次計画に移行しています。
自主行動計画の変遷は以下の通りです。

	基準年度	目標年度	対象エネルギー	指標	削減目標	結果
第1次	2005	2010	電力	CO$_2$排出量（トン）	5%	達成
第2次	2005	2020	電力、都市ガス、重油など	エネルギー消費量（kl）	13%以上	2015年度に達成
第3次	2013	2030	電力、都市ガス、重油など	延べ床面積当たりエネルギー消費量（kl）	年平均1%	

古紙回収率と回収量

▶古紙の国内回収率の推移

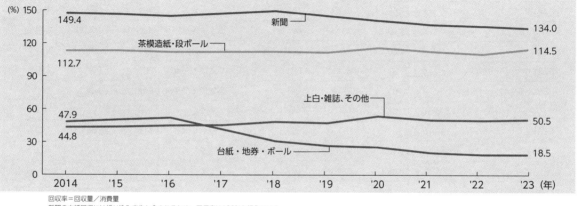

(%)
- 新聞: 149.4 → 134.0
- 茶模造紙・段ボール: 112.7 → 114.5
- 上白・雑誌、その他: 47.9 → 50.5
- 台紙・地券・ボール: 44.8 → 18.5

2014 '15 '16 '17 '18 '19 '20 '21 '22 '23 (年)

回収率＝回収量／消費量
新聞の古紙回収には折り込み広告も含まれるため、回収率は100％を超えている

▶古紙の国内回収量（単位：千トン）

| 回収量 (2023年) | 新聞 2,185 | 上白・雑誌、その他 4,091 | 茶模造紙・段ボール 10,572 | 台紙・地券・ボール 401 | 合計 17,248 |

古紙再生促進センターの試算

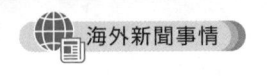

世界主要国・地域の有料日刊紙の発行部数

(単位：千部)

地域・国名	発行部数		
	2020年	21年	22年
【欧州】			
オーストリア	1,714	1,746	1,542
ベルギー	1,004	993	911
チェコ	770	781	698
デンマーク	440	431	405
フィンランド	682	706	596
フランス	4,118	4,467	4,011
ドイツ	15,730	15,397	14,735
ギリシャ	501	509	432
ハンガリー	758	765	687
アイルランド	300	307	272

地域・国名	発行部数		
	2020年	21年	22年
イタリア	1,620	1,480	1,371
オランダ	2,012	1,908	1,754
ノルウェー	1,102	1,118	992
ポーランド	1,349	1,361	1,237
ポルトガル	140	143	131
ルーマニア	129	117	104
スペイン	1,126	1,178	1,078
スウェーデン	1,149	1,180	1,014
スイス	1,671	1,710	1,528
イギリス	6,595	6,607	5,766
ロシア	4,987	5,465	－

地域・国名	発行部数		
	2020年	21年	22年
【北米】			
アメリカ	28,009	25,600	24,041
カナダ	3,102	3,170	2,883
【中南米】			
アルゼンチン	762	741	621
ブラジル	6,177	6,326	6,347
チリ	387	393	358
コロンビア	852	862	809
メキシコ	6,147	6,223	6,066
ペルー	1,699	1,711	1,666

地域・国名	発行部数		
	2020年	21年	22年
【アジア】			
中国	141,337	143,168	141,633
香港	3,032	3,080	2,987
インド	126,623	130,336	131,277
インドネシア	4,549	4,633	4,592
マレーシア	1,785	1,815	1,719
パキスタン	5,800	5,865	5,677
フィリピン	2,895	2,925	2,789
シンガポール	465	477	420
韓国	5,803	5,884	5,323
台湾	2,792	2,823	2,720

地域・国名	発行部数		
	2020年	21年	22年
タイ	6,634	6,701	6,638
ベトナム	3,658	3,811	－
【オセアニア】			
オーストラリア	699	721	647
ニュージーランド	201	206	171
【中東】			
エジプト	4,243	4,323	4,303
イスラエル	547	558	515
サウジアラビア	1,896	1,914	1,825
トルコ	3,968	4,058	3,353
アラブ首長国連邦	745	753	710

地域・国名	発行部数		
	2020年	21年	22年
【アフリカ】			
ケニア	191	193	191
ナイジェリア	444	447	434
南アフリカ	730	747	648

世界ニュース発行者協会（WAN-IFRA）が外部委託した部数調査に基づく。電子版は含まない
「データブック 日本の新聞」2021年版以前に掲載した世界の日刊紙の発行部数データとは、調査方法が異なる

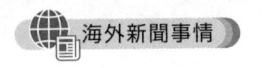

日本と欧州における新聞の付加価値税率

（単位：％）

国　名	標準税率	新聞の税率	電子版税率
日本	10	8	10
オーストリア	20	10	10
ベルギー	21	0	0
ブルガリア	20	9	9
クロアチア	25	5	5
キプロス	19	3	3
チェコ	21	12	12
デンマーク	25	0	0
エストニア	22	5	5
フィンランド	24	10	10
フランス	20	2.1	2.1
ドイツ	19	7	7
ギリシャ	24	6	6
ハンガリー	27	0	27
アイルランド	23	0	0

▶日本における新聞の軽減税率

2016年 3月　税制改革関連法案が成立。消費税率10％への引き上げ時に、定期的に購読される新聞に8％の軽減税率適用が決定

19年10月　消費税率が10％に。酒類および外食を除く飲食料品とともに、週2回以上発行される新聞の定期購読料に軽減税率を適用（一部売り、電子版は対象外）

リトアニア	21	5	5
ルクセンブルク	17	3	3
マルタ	18	5	5
オランダ	21	9	9
ポーランド	23	8	8
ポルトガル	23	6	6
ルーマニア	19	5	5
スロバキア	20	10	20
スロベニア	22	5	5
スペイン	21	4	4
スウェーデン	25	6	6
イギリス	20	0	0
アイスランド	24	11	11
ノルウェー	25	0	0
スイス	7.7	2.5	2.5

（イギリス〜スイス：EU非加盟国）

新聞協会調べ（2024年1月現在）
新聞の税率は日刊紙の定期購読の場合。一時的な政策による減税は含まない
欧州新聞発行者協会（ENPA）資料、欧州連合（EU）の税関連データベース、
各国政府税務当局サイトを参照したほか、駐日大使館に問い合わせて確認

　欧州連合（EU）は2018年12月、加盟国が新聞・雑誌・書籍の電子版に軽減税率を適用することを認める改正付加価値税指令を施行しました。紙媒体に軽減税率を適用する一方、電子版には標準税率を課す不平等を解消する措置です。

　EUの指令は22年4月に改正され、加盟国が紙と電子版の税率をゼロにすることが可能になりました。一部の国が指令では原則認められていない財・サービスを優遇していたのを正式に軽減対象として位置付け、他の加盟国も選択できるようにしたものです。具体的には、加盟国は「物理的または電子的に供給される書籍・新聞・雑誌」に超軽減税率（5％未満）やゼロ税率を適用することが可能です。

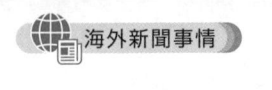

日本で活動する海外メディア

▶日本に拠点を置く外国報道機関数と所属記者数

地域（国数）	報道機関数	所属記者数
北米(2)	27	181
カナダ	1	1
米国	26	180
中南米(1)	1	1
キューバ	1	1
欧州(12)	52	108
アイルランド	1	1
アゼルバイジャン	2	2
イタリア	2	2
英国	13	22
オランダ	1	1
スイス	3	3
スウェーデン	1	1
スペイン	2	5
ドイツ	11	26
フランス	12	35
ベルギー	1	1
ロシア	3	9

地域（国数）	報道機関数	所属記者数
アジア(8)	52	124
インドネシア	1	1
韓国	15	41
シンガポール	3	3
中国（香港・マカオを除く）	15	54
中国（香港）	6	10
パキスタン	1	1
バングラデシュ	2	2
ベトナム	3	5
台湾	6	7
大洋州(1)	2	3
オーストラリア	2	3
中東(5)	7	11
アラブ首長国連邦	1	2
イラン	2	2
カタール	2	4
クウェート	1	1
トルコ	1	2
総計	141	428

2024年2月1日現在
外務省発行の外国記者登録証の保持者を中心に、フォーリン・
プレスセンター（FPC）が独自に集計

▶日本で活動する海外メディアの記者数の推移

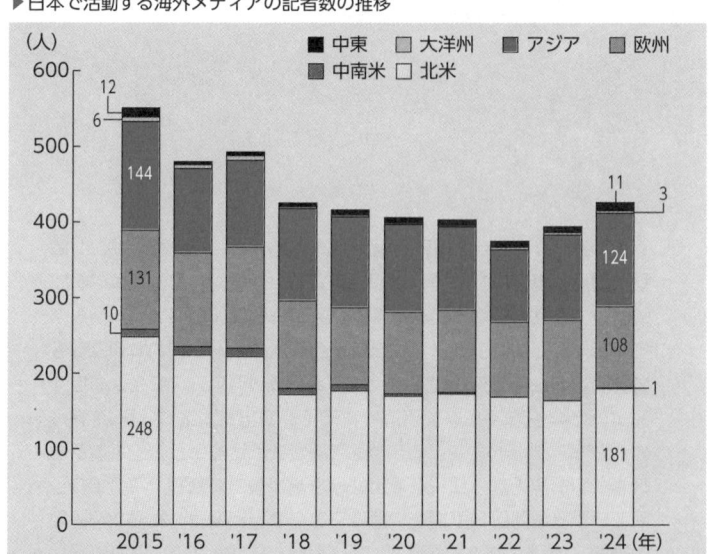

(49)

放送産業の売上高と事業者数

▶放送産業の市場規模（売上高集計）の推移と内訳

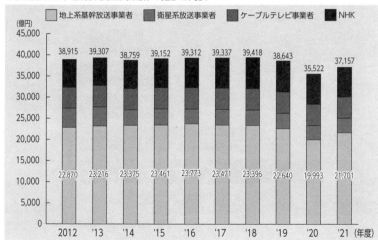

地上系基幹放送事業者　衛星系放送事業者　ケーブルテレビ事業者　NHK

（億円）	2012	'13	'14	'15	'16	'17	'18	'19	'20	'21 （年度）
合計	38,915	39,307	38,759	39,152	39,312	39,337	39,418	38,643	35,522	37,157
地上系基幹放送事業者	22,870	23,216	23,375	23,461	23,773	23,471	23,396	22,640	19,993	21,701

衛星系放送事業者は、衛星放送事業にかかわる営業収益を対象に集計
ケーブルテレビ事業者は、IPマルチキャスト方式による事業者等を除く
NHKの値は経常事業収入

総務省「令和5年版情報通信白書」をもとに作成

▶民間放送事業者数（2022年度末）

地上系	テレビジョン放送（単営）		96
	ラジオ放送（単営）	中波（AM）放送	16
		超短波（FM）放送	390
		うちコミュニティ放送	339
		短波	1
	テレビジョン放送・ラジオ放送（兼営）		31
	文字放送（単営）		0
	マルチメディア放送		0
	小　計		534
衛星系	衛星基幹放送	BS放送	21
		東経110度CS放送	20
	衛星一般放送		4
	小　計		42
ケーブルテレビ	登録に係る有線一般放送（自主放送を行う者に限る）		464
	うちIPマルチキャスト放送		4
	小　計		464

衛星系は「BS放送」「東経110度CS放送」「衛星一般放送」の二つ以上を兼営している場合があるため、それぞれの欄の合計と小計欄の数値とは一致しない
ケーブルテレビの事業者数は2021年度末

総務省「令和5年版情報通信白書」をもとに作成

インターネットの利用状況とメディア環境の変化

▶インターネットの端末別利用状況(個人)

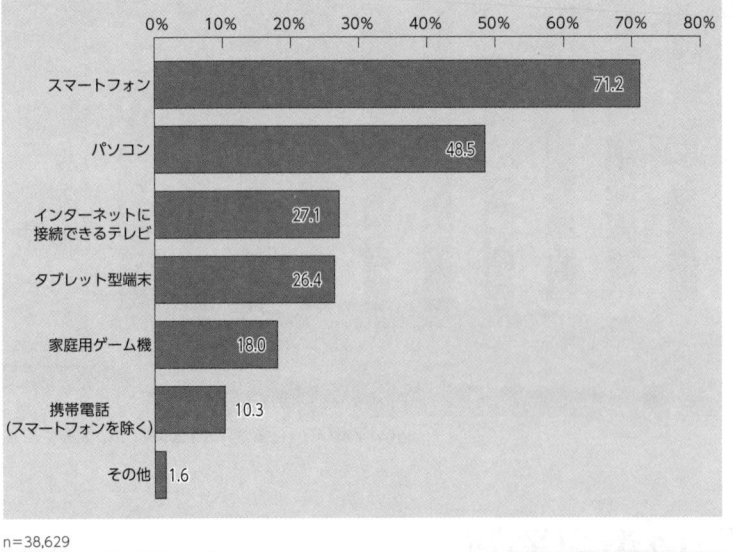

n=38,629
複数回答

総務省「令和4年通信利用動向調査」

▶主な情報通信機器の保有率の推移(世帯)

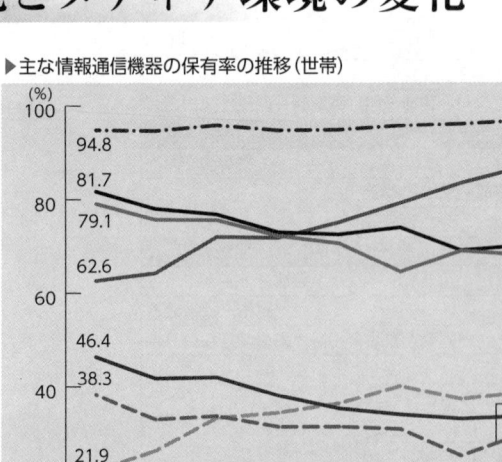

「モバイル端末全体」は、20年以前はPHSを含む

総務省「令和4年通信利用動向調査」

日本新聞協会の組織と活動

日本新聞協会は、自由で責任のある新聞を維持し発展させ、社会に奉仕するという目的のもとに集まった新聞、通信、放送各社によって、1946年7月に創立されました。

2024年4月1日現在の会員数は122（新聞96、通信4、放送22）です。

総会、理事会などの最高意思決定機関と編集・販売・広告・経営・技術などの各部門ごとに委員会・専門部会が常時40以上設けられています。また事務局が事務処理と調査・研究に当たっているほか、ニュースパーク（日本新聞博物館）を運営しています。

▶ 新聞倫理の向上
新聞倫理綱領・新聞販売綱領・新聞広告倫理綱領の実践

▶ 新聞週間・PR
「新聞週間」（10月15日～21日）「春の新聞週間」（4月6日～12日）の実施、新聞大会の開催、新聞PRイベントの実施、新聞文化賞・新聞協会賞・新聞技術賞・新聞経営賞などの表彰、「新聞配達の日」「新聞少年の日」「新聞広告の日」関連行事の開催、新聞週間標語の募集

▶ 調査・研究
読者調査・各種調査（経営・労務・業務・製作技術・販売・広告・デジタルメディアなど）の実施

▶ 講座・セミナー・交流
各種講座・セミナー（編集・販売・広告・製作・経営・労務・経理などを対象）、国際交流

▶ 出版・広報活動
出版活動（新聞協会報=第2・4火曜日刊、新聞研究=年10回刊、新聞技術=年3回刊など）、ウェブサイト「プレスネット」など

▶ NIE（教育に新聞を）
NIE実践指定校の認定と新聞提供、全国大会やNIE月間の実施、各種調査など

▶ ニュースパーク
ニュースパークの企画・運営・管理

▶ ニュースパーク（日本新聞博物館）について

歴史と現代の両面から情報と新聞について学ぶ博物館。新聞の歴史を体系的に解説するほか、各種企画展を開催。体験型展示で情報社会の実相と情報とのつきあい方を考えながら、新聞・ジャーナリズムの役割を学び、メディアリテラシーを育みます。取材体験ゲームやパソコンで新聞の製作体験もできます。

ニュースパーク
日本新聞博物館

〒231-8311
横浜市中区日本大通11
横浜情報文化センター
https://newspark.jp/
☎045-661-2040

新聞倫理綱領

2000（平成12）年6月21日制定

　21世紀を迎え、日本新聞協会の加盟社はあらためて新聞の使命を認識し、豊かで平和な未来のために力を尽くすことを誓い、新しい倫理綱領を定める。

　国民の「知る権利」は民主主義社会をささえる普遍の原理である。この権利は、言論・表現の自由のもと、高い倫理意識を備え、あらゆる権力から独立したメディアが存在して初めて保障される。新聞はそれにもっともふさわしい担い手であり続けたい。

　おびただしい量の情報が飛びかう社会では、なにが真実か、どれを選ぶべきか、的確で迅速な判断が強く求められている。新聞の責務は、正確で公正な記事と責任ある論評によってこうした要望にこたえ、公共的、文化的使命を果たすことである。

　編集、制作、広告、販売などすべての新聞人は、その責務をまっとうするため、また読者との信頼関係をゆるぎないものにするため、言論・表現の自由を守り抜くと同時に、自らを厳しく律し、品格を重んじなければならない。

自由と責任

表現の自由は人間の基本的権利であり、新聞は報道・論評の完全な自由を有する。それだけに行使にあたっては重い責任を自覚し、公共の利益を害することのないよう、十分に配慮しなければならない。

正確と公正

新聞は歴史の記録者であり、記者の任務は真実の追究である。報道は正確かつ公正でなければならず、記者個人の立場や信条に左右されてはならない。論評は世におもねらず、所信を貫くべきである。

独立と寛容

新聞は公正な言論のために独立を確保する。あらゆる勢力からの干渉を排するとともに、利用されないよう自戒しなければならない。他方、新聞は、自らと異なる意見であっても、正確・公正で責任ある言論には、すすんで紙面を提供する。

人権の尊重

新聞は人間の尊厳に最高の敬意を払い、個人の名誉を重んじプライバシーに配慮する。報道を誤ったときはすみやかに訂正し、正当な理由もなく相手の名誉を傷つけたと判断したときは、反論の機会を提供するなど、適切な措置を講じる。

品格と節度

公共的、文化的使命を果たすべき新聞は、いつでも、どこでも、だれもが、等しく読めるものでなければならない。記事、広告とも表現には品格を保つことが必要である。また、販売にあたっては節度と良識をもって人びとと接すべきである。

> 新聞倫理綱領は1946（昭和21）年7月23日、日本新聞協会の創立に当たって制定されたものです。社会・メディアをめぐる環境が激変するなか、旧綱領の基本精神を継承し、21世紀にふさわしい規範として、2000年に現在の新聞倫理綱領が制定されました。

新聞販売綱領

2001（平成13）年6月20日制定

　　日本新聞協会の加盟社は、「新聞倫理綱領」の掲げる理念を販売の分野においても深く認識し、その実践を誓って、新しい「新聞販売綱領」を定める。

販売人の責務　新聞が国民の「知る権利」にこたえ、公共的・文化的な使命を果たすためには、広く人々に読まれることが不可欠である。新聞販売に携わるすべての人々は、それぞれの仕事を通じ、民主主義社会の発展に貢献する責務を担う。

戸別配達の堅持　新聞は読者のもとに届けられてはじめて、その役割を果たすことができる。新聞がいつでも、どこでも、だれもが、等しく読めるものであるために、われわれは戸別配達を堅持し、常に迅速・確実な配達を行う。

ルールの順守　新聞販売に携わるすべての人々は、言論・表現の自由を守るために、それぞれの経営の独立に寄与する責任を負っている。販売活動においては、自らを厳しく律し、ルールを順守して節度と良識ある競争のなかで、読者の信頼と理解を得るよう努める。

読者とともに　新聞は読者の信頼があってこそ、その使命をまっとうできる。販売に携わるすべての人々は、読者の期待にこたえつつ、環境への配慮や地域貢献など、新しい時代にふさわしい自己変革への努力を続ける。

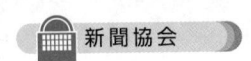 新聞協会

新聞広告倫理綱領

1958(昭和33)年10月7日制定
1976(昭和51)年5月19日改正

┌─ **制定の趣旨** ───┐

　　言論・表現の自由を守り、広告の信用をたかめるために広告に関する規制は、法規制や行政介入をさけ広告関係者の協力、合意にもとづき自主的に行うことが望ましい。

　　本来、広告内容に関する責任はいっさい広告主（署名者）にある。しかし、その掲載にあたって、新聞社は新聞広告の及ぼす社会的影響を考え、不当な広告を排除し、読者の利益を守り、新聞広告の信用を維持、高揚するための原則を持つ必要がある。

　　ここに、日本新聞協会は会員新聞社の合意にもとづいて「新聞広告倫理綱領」を定め、広告掲載にあたっての基本原則を宣言し、その姿勢を明らかにした。もとより本綱領は会員新聞社の広告掲載における判断を拘束したり、法的規制力をもつものではない。

└──┘

　　日本新聞協会の会員新聞社は新聞広告の社会的使命を認識して、常に倫理の向上に努め、読者の信頼にこたえなければならない。

1. 新聞広告は、真実を伝えるものでなければならない。
1. 新聞広告は、紙面の品位を損なうものであってはならない。
1. 新聞広告は、関係諸法規に違反するものであってはならない。

日本新聞協会の会員社一覧

(2024年4月1日現在、会員名簿順)

社　名	電話番号	社　名	電話番号	社　名	電話番号
▶東京地方		東京ニュース通信社	03(6367)8000	日本ＢＳ放送	03(3518)1800
朝日新聞東京本社	03(3545)0131	日本農業新聞	03(6281)5801	**▶大阪地方**	
毎日新聞東京本社	03(3212)0321	共同通信社	03(6252)8000	朝日新聞大阪本社	06(6231)0131
読売新聞東京本社	03(3242)1111	時事通信社	03(6800)1111	毎日新聞大阪本社	06(6345)1551
日本経済新聞社	03(3270)0251	エヌピー通信社	03(6263)2093	読売新聞大阪本社	06(6361)1111
東京新聞	03(6910)2211	日本放送協会	03(3465)1111	日本経済新聞大阪本社	06(7639)7111
産経新聞東京本社	03(3231)7111	ＴＢＳテレビ	03(3746)1111	産経新聞大阪本社	06(6633)1221
サンケイスポーツ	03(3231)7111	文化放送	03(5403)1111	日刊スポーツ新聞西日本	06(6229)7005
夕刊フジ	03(3231)7111	ニッポン放送	03(3287)1111	朝日放送テレビ	06(6458)5321
ジャパンタイムズ	050(3646)0123	日本テレビ放送網	03(6215)1111	毎日放送	06(6359)1123
報知新聞社	03(6831)3333	フジテレビジョン	03(5500)8888	関西テレビ放送	06(6314)8888
日刊工業新聞社	03(5644)7000	テレビ朝日	03(6406)1111	読売テレビ放送	06(6947)2111
日刊スポーツ新聞社	03(5550)8888	テレビ東京	03(6632)7777	テレビ大阪	06(6947)7777
スポーツニッポン新聞社	03(3820)0700	エフエム東京	03(3221)0080		
東京スポーツ新聞社	03(3820)0801	東京メトロポリタンテレビジョン	03(5276)0009		
水産経済新聞社	03(5544)9831	WOWOW	03(4330)8111		

56

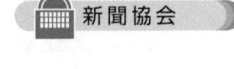 新聞協会

社　名	電話番号
▶北海道地方	
北海道新聞社	011(221)2111
室蘭民報社	0143(22)5121
十勝毎日新聞社	0155(22)2121
釧路新聞社	0154(22)1111
苫小牧民報社	0144(32)5311
函館新聞社	0138(40)7171
北海道日刊スポーツ新聞社	011(242)3900
▶東北地方	
東奥日報社	017(739)1500
陸奥新報社	0172(34)3111
デーリー東北新聞社	0178(44)5111
岩手日報社	019(653)4111
岩手日日新聞社	0191(26)5114
河北新報社	022(211)1111
秋田魁新報社	018(888)1800
北羽新報社	0185(54)3150

社　名	電話番号
山形新聞社	023(622)5271
荘内日報社	0235(22)1480
福島民報社	024(531)4111
福島民友新聞社	024(523)1191
▶関東地方	
茨城新聞社	029(239)3001
下野新聞社	028(625)1111
上毛新聞社	027(254)9911
埼玉新聞社	048(795)9930
神奈川新聞社	045(227)1111
千葉日報社	043(222)9211
▶中部地方	
山梨日日新聞社	055(231)3000
静岡新聞社	054(284)8900
信濃毎日新聞社	026(236)3000
長野日報社	0266(52)2000
南信州新聞社	0265(22)3734

社　名	電話番号
市民タイムス	0263(47)7777
中日新聞社	052(201)8811
中部経済新聞社	052(561)5215
東愛知新聞社	0532(32)3111
岐阜新聞社	058(264)1151
ＣＢＣテレビ	052(241)8111
東海テレビ放送	052(951)2511
名古屋テレビ放送	052(331)8111
テレビ愛知	052(203)0250
中京テレビ放送	052(582)4411
▶北陸地方	
新潟日報社	025(385)7111
北日本新聞社	076(445)3300
北國新聞社	076(263)2111
中日新聞北陸本社	076(261)3111
福井新聞社	0776(57)5111
日刊県民福井	0776(28)8611

社　名	電話番号
▶近畿地方	
伊勢新聞社	059(224)0003
夕刊三重新聞社	0598(21)6113
京都新聞社	075(241)5430
神戸新聞社	078(362)7100
奈良新聞社	0742(32)1000
紀伊民報社	0739(22)7171
▶中国地方	
山陽新聞社	086(803)8008
中国新聞社	082(236)2111
新日本海新聞社	0857(21)2888
山陰中央新報社	0852(32)3440
島根日日新聞社	0853(23)6760
山口新聞社	083(266)3211
宇部日報社	0836(31)4343

社　名	電話番号
▶四国地方	
徳島新聞社	088(655)7373
四国新聞社	087(833)1111
愛媛新聞社	089(935)2111
高知新聞社	088(822)2111
▶九州地方	
西日本新聞社	092(711)5555
朝日新聞西部本社	093(563)1131
毎日新聞西部本社	093(541)3131
読売新聞西部本社	092(715)4311
佐賀新聞社	0952(28)2111
長崎新聞社	095(844)2111
熊本日日新聞社	096(361)3111
大分合同新聞社	097(536)2121
宮崎日日新聞社	0985(26)9315
夕刊デイリー新聞社	0982(34)5000

社　名	電話番号
南日本新聞社	099(813)5001
南海日日新聞社	0997(53)2121
沖縄タイムス社	098(860)3000
琉球新報社	098(865)5111
八重山毎日新聞	0980(82)2121
宮古毎日新聞社	0980(72)2343

会員総数　122

資料一覧

▶日本新聞協会のデータ

経営業務部 業務担当　☎ 03-3591-4405
「日刊紙の都道府県別発行部数と普及度」
「全国新聞販売所従業員総数調査」

経営業務部 経営担当　☎ 03-3591-3460
「新聞社総売上高推計調査」
「新聞事業の経営動向」
「新聞・通信社の従業員数・労務構成調査」
「新聞用紙の生産と消費」
「国内で生産される新聞用紙の種類」
「日本と欧州における新聞の付加価値税率」

出版広報部 出版広報担当　☎03-3591-6148
「日本メディアの海外特派員」

編集制作部 技術・通信担当　☎ 03-3591-6806
「新聞社の主要製作設備一覧2021」
「新聞・通信社間の災害・障害発生時援助協定」

編集制作部 デジタルメディア担当

☎ 03-3591-3461
「デジタルメディアを活用した新聞・通信社の情報サービス現況調査」

新聞教育文化部 ＮＩＥ担当　☎ 03-3591-4410
「ＮＩＥの学習効果を調べるアンケート」
ＮＩＥウェブサイト
https://nie.jp/

広告部 広告担当　☎ 03-3591-4407
「『新聞オーディエンス調査』（2023）」
「『SDGs・SNSから見た新聞メディア・新聞広告』調査（2023）」
新聞広告データアーカイブ
https://www.pressnet.or.jp/adarc/

企画開発部 企画開発担当　☎ 03-3591-4637
「新聞界の第３次自主行動計画の推進」

▶政府統計データ

総務省「住民基本台帳」「令和４年通信利用動向調査」「令和５年版情報通信白書」
内閣府「国民経済計算確報」「四半期別GDP速報」
文部科学省「令和５年度全国学力・学習状況調査」

▶その他のデータ

電通「2023年 日本の広告費」「電通広告統計」
国立教育政策研究所「OECD生徒の学習到達度調査（PISA）2018年調査国際結果報告書」
新聞通信調査会「第16回メディアに関する全国世論調査」
新聞公正取引協議委員会「新聞の戸別配達のニーズ」
古紙再生促進センター「古紙回収率と回収量」
世界ニュース発行者協会（WAN-IFRA）「世界主要国・地域の有料日刊紙の発行部数」
フォーリン・プレスセンター（FPCJ）「日本で活動する海外メディア」

NIE

新聞と読者

環境対策

海外新聞事情

資料編

新聞協会

JN061185

★印のデータは、日本〔新聞協会〕のウェブサイト「プレスネット」（https://www.pressnet.or.jp/）に調査結果を掲載しています（専用サイトへのリンクを張っている場合もあります）。随時新しい数値に更新していますので、併せてご利用ください。

日本の新聞社マップ

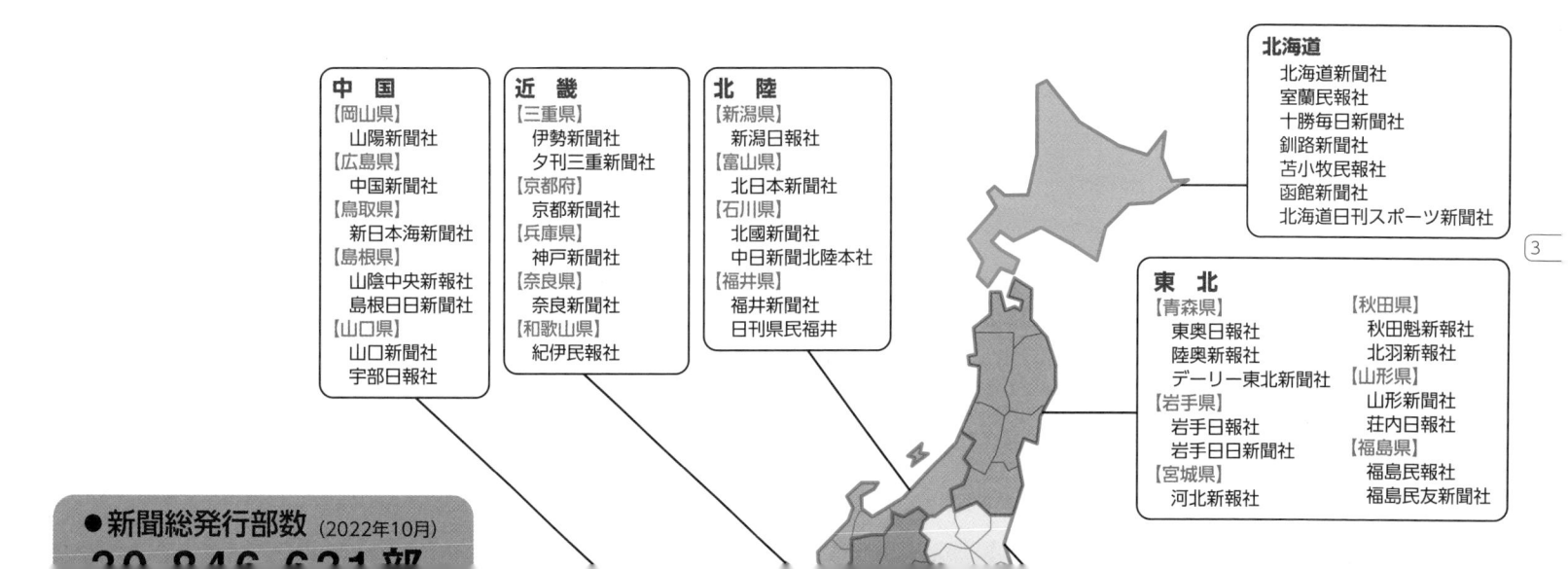

中 国
【岡山県】
　山陽新聞社
【広島県】
　中国新聞社
【鳥取県】
　新日本海新聞社
【島根県】
　山陰中央新報社
　島根日日新聞社
【山口県】
　山口新聞社
　宇部日報社

近 畿
【三重県】
　伊勢新聞社
　夕刊三重新聞社
【京都府】
　京都新聞社
【兵庫県】
　神戸新聞社
【奈良県】
　奈良新聞社
【和歌山県】
　紀伊民報社

北 陸
【新潟県】
　新潟日報社
【富山県】
　北日本新聞社
【石川県】
　北國新聞社
　中日新聞北陸本社
【福井県】
　福井新聞社
　日刊県民福井

北海道
　北海道新聞社
　室蘭民報社
　十勝毎日新聞社
　釧路新聞社
　苫小牧民報社
　函館新聞社
　北海道日刊スポーツ新聞社

東 北
【青森県】
　東奥日報社
　陸奥新報社
　デーリー東北新聞社
【岩手県】
　岩手日報社
　岩手日日新聞社
【宮城県】
　河北新報社
【秋田県】
　秋田魁新報社
　北羽新報社
【山形県】
　山形新聞社
　荘内日報社
【福島県】
　福島民報社
　福島民友新聞社

●新聞総発行部数（2022年10月）

九州

【福岡県】
西日本新聞社
朝日新聞西部本社
毎日新聞西部本社
読売新聞西部本社
【佐賀県】
佐賀新聞社
【長崎県】
長崎新聞社
【熊本県】
熊本日日新聞社
【大分県】
大分合同新聞社
【宮崎県】
宮崎日日新聞社
夕刊デイリー新聞社
【鹿児島県】
南日本新聞社
南海日日新聞社（奄美大島）
【沖縄県】
沖縄タイムス社
琉球新報社
八重山毎日新聞（石垣島）
宮古毎日新聞社（宮古島）

四国

【徳島県】
徳島新聞社
【香川県】
四国新聞社
【愛媛県】
愛媛新聞社
【高知県】
高知新聞社

大阪

朝日新聞大阪本社
毎日新聞大阪本社
読売新聞大阪本社
日本経済新聞大阪本社
産経新聞大阪本社
日刊スポーツ新聞西日本

中部

【山梨県】
山梨日日新聞社
【静岡県】
静岡新聞社
【長野県】
信濃毎日新聞社
長野日報社
南信州新聞社
市民タイムス
【愛知県】
中日新聞社
中部経済新聞社
東愛知新聞社
【岐阜県】
岐阜新聞社

東京

朝日新聞東京本社
毎日新聞東京本社
読売新聞東京本社
日本経済新聞社
東京新聞
産経新聞東京本社
サンケイスポーツ
夕刊フジ
ジャパンタイムズ

報知新聞社
日刊工業新聞社
日刊スポーツ新聞社
スポーツニッポン新聞社
東京スポーツ新聞社
電波新聞社
水産経済新聞社
日本農業新聞

関東

【茨城県】
茨城新聞社
【栃木県】
下野新聞社
【群馬県】
上毛新聞社

【埼玉県】
埼玉新聞社
【神奈川県】
神奈川新聞社
【千葉県】
千葉日報社

4

2023年4月1日現在、日本新聞協会に加盟している新聞社（新聞協会にはこのほか通信社・放送社も加盟しています）

日刊紙の都道府県別発行部数と普及度

都道府県	発 行 部 数				普 及 度	
	計	セット	朝刊	夕刊	1部あたり人口	1世帯あたり部数
全国	30,846,631	5,928,317	24,400,468	517,846	3.99	0.53
東京	2,968,598	1,127,655	1,745,299	95,644	4.47	0.42
大阪	2,129,971	1,062,385	1,028,556	39,030	4.02	0.50
北海道	1,434,061	299,811	1,015,125	119,125	3.59	0.52
青森	380,970	39	380,775	156	3.25	0.65
岩手	304,695	19	303,933	743	3.94	0.58
宮城	531,867	33,552	494,388	3,927	4.23	0.53
秋田	290,679	7	289,338	1,334	3.28	0.69
山形	311,811	10	310,572	1,229	3.37	0.75
福島	534,654	8	531,738	2,908	3.42	0.68
茨城	761,835	18,114	741,095	2,626	3.70	0.61
栃木	544,196	3,851	538,265	2,080	3.49	0.66
群馬	597,366	2,672	592,497	2,197	3.15	0.72
埼玉	1,650,245	278,306	1,357,655	14,284	4.36	0.50
千葉	1,381,136	332,998	1,033,299	14,839	4.45	0.48
神奈川	1,945,590	630,549	1,299,043	15,998	4.62	0.45
新潟	584,120	29,886	549,436	4,798	3.72	0.65
富山	348,810	1,419	345,405	1,986	2.92	0.84
石川	394,498	50,244	342,675	1,579	2.81	0.82
福井	235,513	2	233,918	1,593	3.19	0.81
山梨	251,150	706	248,665	1,779	3.18	0.70
長野	683,783	22,150	658,542	3,091	2.96	0.79

愛知	1,735,375	238,202	1,437,925	15,188	4.19	0.55
滋賀	344,758	25,935	315,565	3,258	4.01	0.59
三重	448,465	27,839	406,777	13,849	3.86	0.58
京都	646,076	246,468	390,671	8,937	3.80	0.54
奈良	399,598	166,859	231,478	1,261	3.31	0.67
和歌山	255,267	38,820	183,314	33,133	3.64	0.58
兵庫	1,337,389	484,038	841,957	11,394	4.02	0.53
鳥取	191,450	1	190,806	643	2.86	0.81
岡山	444,521	6	442,927	1,588	4.16	0.53
広島	731,057	4	730,454	599	3.75	0.56
島根	245,805	0	245,627	178	2.67	0.85
山口	392,879	4,733	342,361	45,785	3.37	0.61
徳島	214,992	2	214,548	442	3.35	0.65
香川	262,889	0	262,207	682	3.62	0.60
愛媛	309,338	0	308,799	539	4.30	0.48
高知	169,220	3	168,956	261	4.07	0.49
福岡	1,010,318	142,569	865,984	1,765	4.98	0.41
佐賀	192,710	145	192,543	22	4.18	0.57
長崎	295,812	0	295,798	14	4.43	0.47
熊本	324,327	89	324,222	16	5.34	0.41
大分	274,166	121	274,039	6	4.08	0.51
宮崎	266,137	0	230,487	35,650	4.03	0.51
鹿児島	308,570	7	308,554	9	5.17	0.38
沖縄	308,258	1,390	306,855	13	4.76	0.46
海外	4,336	452	3,882	2	0.00	0.00

朝夕刊セットを1部として計算
対象は112紙。発行形態別の内訳はセット紙28、朝刊単独紙74、夕刊単独紙10（セット紙は朝夕刊セットで発行されている新聞）
人口および世帯数は2022年1月1日現在の住民基本台帳による

新聞協会経営業務部「日刊紙の都道府県別発行部数と普及度」（2022年10月）より

6

新聞の発行部数と世帯数

	発行部数合計	発行形態別			種類別		世帯数	1世帯当たり部数
		セット部数	朝刊単独部数	夕刊単独部数	一般紙	スポーツ紙		
2012年	47,777,913	12,876,612	33,827,147	1,074,154	43,723,161	4,054,752	54,171,475	0.88
13	46,999,468	12,396,510	33,552,159	1,050,799	43,126,352	3,873,116	54,594,744	0.86
14	45,362,672	11,356,360	32,979,682	1,026,630	41,687,125	3,675,547	54,952,108	0.83
15	44,246,688	10,874,446	32,365,532	1,006,710	40,691,869	3,554,819	55,364,197	0.80
16	43,276,147	10,413,426	31,889,399	973,322	39,821,106	3,455,041	55,811,969	0.78
17	42,128,189	9,700,510	31,487,725	939,954	38,763,641	3,364,548	56,221,568	0.75
18	39,901,576	9,025,146	29,993,652	882,778	36,823,021	3,078,555	56,613,999	0.70
19	37,811,248	8,422,099	28,554,249	834,900	34,877,964	2,933,284	56,996,515	0.66
20	35,091,944	7,252,724	27,064,065	775,155	32,454,796	2,637,148	57,380,526	0.61
21	33,027,135	6,484,982	25,914,024	628,129	30,657,153	2,369,982	57,849,163	0.57
22	30,846,631	5,928,317	24,400,468	517,846	28,694,915	2,151,716	58,226,982	0.53

朝夕刊セットを1部として計算。セット紙を朝・夕刊別に数えた場合、2022年の総発行部数は36,774,948部。対象は112紙
世帯数は2014年から1月1日現在、13年までは3月31日現在の住民基本台帳による

新聞協会経営業務部「日刊紙の都道府県別発行部数と普及度」(毎年10月)より

▶発行形態（2012年／2022年比較）

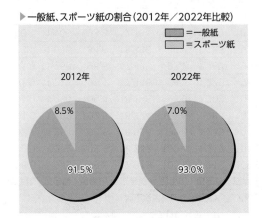

凡例：
- =セット
- =朝刊単独
- =夕刊単独

2012年
- 2.2%
- 27.0%
- 70.8%

2022年
- 1.7%
- 19.2%
- 79.1%

▶一般紙、スポーツ紙の割合（2012年／2022年比較）

凡例：
- =一般紙
- =スポーツ紙

2012年
- 8.5%
- 91.5%

2022年
- 7.0%
- 93.0%

四捨五入のため、構成比率の合計は100.0にならない場合がある

▶戸別配達率（2012年／2022年比較）

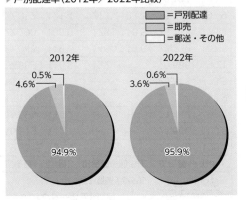

凡例：
- =戸別配達
- =即売
- =郵送・その他

2012年
- 0.5%
- 4.6%
- 94.9%

2022年
- 0.6%
- 3.6%
- 95.9%

総広告費と媒体別広告費

(単位：億円、%)

広告費 年	総広告費		新聞		雑誌		ラジオ		テレビメディア				インターネット広告				プロモーション メディア広告	
									地上波テレビ		衛星メディア関連				うち新聞デジタル			
	広告費	前年比	広告費	前年比	広告費	前年比	広告費	前年比	広告費	前年比	広告費	前年比	広告費	前年比	広告費	前年比	広告費	前年比
2013年	59,762	101.4	6,170	98.8	2,499	98.0	1,243	99.8	17,913	100.9	1,110	109.6	9,381	108.1	—	—	21,446	100.1
14	61,522	102.9	6,057	98.2	2,500	100.0	1,272	102.3	18,347	102.4	1,217	109.6	10,519	112.1	—	—	21,610	100.8
15	61,710	100.3	5,679	93.8	2,443	97.7	1,254	98.6	18,088	98.6	1,235	101.5	11,594	110.2	—	—	21,417	99.1
16	62,880	101.9	5,431	95.6	2,223	91.0	1,285	102.5	18,374	101.6	1,283	103.9	13,100	113.0	—	—	21,184	98.9
17	63,907	101.6	5,147	94.8	2,023	91.0	1,290	100.4	18,178	98.9	1,300	101.3	15,094	115.2	—	—	20,875	98.5
18	65,300	102.2	4,784	92.9	1,841	91.0	1,278	99.1	17,848	98.2	1,275	98.1	17,589	116.5	132		20,685	99.1
19	69,381	106.2	4,547	95.0	1,675	91.0	1,260	98.6	17,345	97.2	1,267	99.4	21,048	119.7	146	110.6	22,239	107.5
20	61,594	88.8	3,688	81.1	1,223	73.0	1,066	84.6	15,386	88.7	1,173	92.6	22,290	105.9	173	118.5	16,768	75.4
21	67,998	110.4	3,815	103.4	1,224	100.1	1,106	103.8	17,184	111.7	1,209	103.1	27,052	121.4	213	123.1	16,408	97.9
22	71,021	104.4	3,697	96.9	1,140	93.1	1,129	102.1	16,768	97.6	1,251	103.5	30,912	114.3	221	103.8	16,124	98.3

2018年からインターネット広告のうち、マスコミ4媒体事業者などが主体となって提供するインターネットメディア・サービスにおける広告費を算出している。上表ではインターネット広告費の内訳として「新聞デジタル」のみ記載した
プロモーションメディアは「屋外」「交通」「折込」「DM（ダイレクト・メール）」「フリーペーパー」「POP」「イベント・展示・映像ほか」から成る

媒体別広告費の構成比

（単位：％）

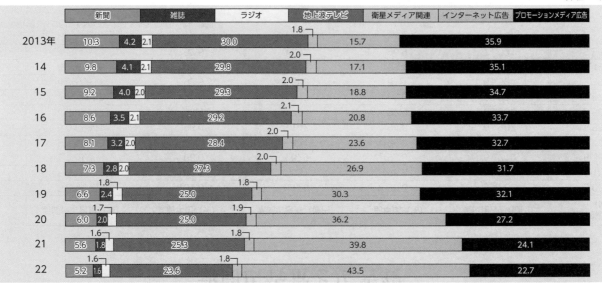

| | 新聞 | 雑誌 | ラジオ | 地上波テレビ | 衛星メディア関連 | インターネット広告 | プロモーションメディア広告 |

年	新聞	雑誌	ラジオ	地上波テレビ	衛星メディア関連	インターネット広告	プロモーションメディア広告
2013年	10.3	4.2	2.1	30.0	1.8	15.7	35.9
14	9.8	4.1	2.1	29.8	2.0	17.1	35.1
15	9.2	4.0	2.0	29.3	2.0	18.8	34.7
16	8.6	3.5	2.1	29.2	2.1	20.8	33.7
17	8.1	3.2	2.0	28.4	2.0	23.6	32.7
18	7.3	2.8	2.0	27.3	2.0	26.9	31.7
19	6.6	2.4	1.8	25.0	1.8	30.3	32.1
20	6.0	2.0	1.7	25.0	1.9	36.2	27.2
21	5.6	1.8	1.6	25.3	1.8	39.8	24.1
22	5.2	1.6	1.6	23.6	1.8	43.5	22.7

電通「日本の広告費」より

新聞広告量と広告費

	新聞総広告量〔段〕	前年比（%）	新聞広告費（億円）	前年比（%）	総広告費（億円）	名目国内総生産〔GDP〕（億円）
2013年	5,336,059	101.0	6,170	98.8	59,762	5,087,006
14	5,345,303	100.2	6,057	98.2	61,522	5,188,110
15	5,228,995	98.0	5,679	93.8	61,710	5,380,323
16	5,134,839	98.2	5,431	95.6	62,880	5,443,646
17	5,047,941	98.0	5,147	94.8	63,907	5,530,730
18	4,866,917	96.4	4,784	92.9	65,300	5,566,301
19	4,702,027	96.6	4,547	95.0	69,381	5,579,108
20	4,397,811	93.5	3,688	81.1	61,594	5,390,824
21	4,395,376	99.9	3,815	103.4	67,998	5,493,793
22	4,264,843	97.5	3,697	96.9	71,021	5,565,440

広告量の前年比は当該年と前年の共通媒体のみで再集計して算出
GDP は内閣府「国民経済計算確報」および「四半期別GDP 速報」による。いずれも暦年の数字

電通「日本の広告費」、「電通広告統計」をもとに作成

業種別・媒体別広告費（2022年）

（単位：千万円、%）

業種	新聞 広告費	構成比	前年比	雑誌 広告費	構成比	前年比	ラジオ 広告費	構成比	前年比	地上波テレビ 広告費	構成比	前年比	4媒体合計 広告費	構成比	前年比
1.エネルギー・素材・機械	385	1.0	93.9	93	0.8	95.9	244	2.2	105.2	2,771	1.7	111.3	3,493	1.5	108.2
2.食品	4,482	12.1	96.6	742	6.5	89.6	960	8.5	98.1	15,387	9.2	99.1	21,571	9.5	98.2
3.飲料・嗜好品	1,079	2.9	89.8	415	3.6	87.7	454	4.0	102.5	15,822	9.4	94.6	17,770	7.8	94.3
4.薬品・医療用品	1,641	4.4	88.1	234	2.1	82.7	739	6.5	83.9	10,271	6.1	94.8	12,885	5.7	92.9
5.化粧品・トイレタリー	2,012	5.5	90.9	1,264	11.1	84.2	528	4.7	117.3	16,118	9.6	87.8	19,922	8.8	88.4
6.ファッション・アクセサリー	781	2.1	100.0	2,407	21.1	97.3	49	0.4	122.5	2,199	1.3	114.7	5,436	2.4	104.3
7.精密機器・事務用品	265	0.7	113.2	559	4.9	97.6	40	0.4	85.1	668	0.4	73.3	1,532	0.7	86.8
8.家電・AV機器	148	0.4	77.9	488	4.3	97.4	80	0.7	74.1	3,520	2.1	91.6	4,236	1.9	91.2
9.自動車・関連品	380	1.0	84.1	355	3.1	83.9	798	7.1	98.2	7,424	4.4	92.8	8,957	3.9	92.4
10.家庭用品	604	1.6	80.0	384	3.4	89.3	203	1.8	103.6	4,625	2.8	81.8	5,816	2.5	82.7
11.趣味・スポーツ用品	675	1.8	95.1	672	5.9	96.1	220	2.0	94.8	4,959	3.0	96.6	6,526	2.9	96.3
12.不動産・住宅設備	1,601	4.3	97.9	382	3.4	91.0	601	5.3	109.3	8,827	5.3	102.0	11,411	5.0	101.4
13.出版	3,907	10.6	98.0	104	0.9	75.9	247	2.2	89.8	1,856	1.1	94.3	6,114	2.7	96.0
14.情報・通信	2,393	6.5	91.8	631	5.5	99.1	1,140	10.1	96.9	25,534	15.2	90.3	29,698	13.1	90.8
15.流通・小売業	5,625	15.2	95.1	475	4.2	90.1	607	5.4	103.8	8,448	5.0	106.8	15,155	6.7	101.4
16.金融・保険	1,202	3.3	93.7	304	2.7	90.7	600	5.3	96.0	13,448	8.0	104.2	15,554	6.8	102.6
17.交通・レジャー	4,582	12.4	117.8	893	7.8	111.2	809	7.2	108.3	6,439	3.9	122.8	12,723	5.6	119.1
18.外食・各種サービス	1,263	3.4	92.7	302	2.6	94.1	1,800	15.9	113.4	12,246	7.3	115.7	15,611	6.9	112.7
19.官公庁・団体	1,243	3.4	99.5	208	1.8	90.0	637	5.6	92.9	2,030	1.2	104.2	4,118	1.8	100.1
20.教育・医療サービス・宗教	1,279	3.5	97.3	433	3.8	89.6	355	3.1	100.9	3,532	2.1	102.0	5,599	2.4	99.7
21.案内・その他	1,423	3.9	97.7	55	0.5	87.3	179	1.6	319.6	1,556	0.9	105.1	3,213	1.4	105.1
合計	36,970	100.0	96.9	11,400	100.0	93.1	11,290	100.0	102.1	167,680	100.0	97.6	227,340	100.0	97.4

衛星メディア関連は除く

電通「2022年 日本の広告費」より

新聞社の総売上高（推計）と構成比

▶新聞社総売上高と構成比の推移

（単位：億円、％）

	総売上高		販売収入			広告収入			その他収入		
		前年比		前年比	構成比		前年比	構成比		前年比	構成比
2011年度	19,534	0.8	11,642	−1.7	59.6	4,405	−2.2	22.6	3,487	15.1	17.9
12	19,156	−1.9	11,519	−1.1	60.1	4,458	1.2	23.3	3,178	−8.9	16.6
13	19,000	−0.8	11,309	−1.8	59.5	4,417	−0.9	23.2	3,274	3.0	17.2
14	18,261	−3.9	10,762	−4.8	58.9	4,186	−5.2	22.9	3,313	1.2	18.1
15	17,906	−1.9	10,466	−2.8	58.4	3,984	−4.8	22.2	3,455	4.3	19.3
16	17,678	−1.3	10,209	−2.5	57.7	3,801	−4.6	21.5	3,668	6.2	20.7
17	17,119	−3.2	9,897	−3.1	57.8	3,549	−6.6	20.7	3,673	0.1	21.5
18	16,625	−2.9	9,502	−4.0	57.2	3,308	−6.8	19.9	3,815	3.9	22.9
19	16,524	−0.6	9,179	−3.4	55.5	3,092	−6.5	18.7	4,253	11.5	25.7
20	14,827	−10.3	8,620	−6.1	58.1	2,546	−17.7	17.2	3,661	−13.9	24.7
21	14,690	−0.9	8,229	−4.5	56.0	2,669	4.8	18.2	3,792	3.6	25.8

新聞協会加盟新聞社の合計（推計）。年によって社数は異なる。2021年度は86社
集計数値は最新年度の前年度分を遡及修正している

▶収入構成比の変化

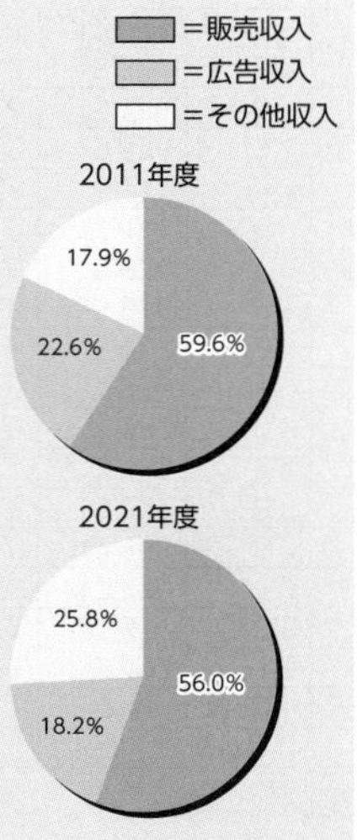

▶新聞社総売上高と全産業売上高などの推移（2012年度を100とした場合の指数）

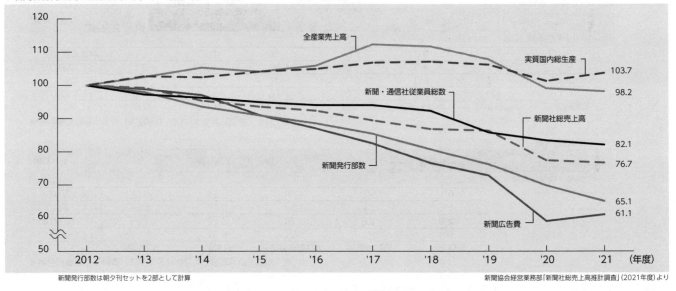

新聞発行部数は朝夕刊セットを2部として計算

新聞協会経営業務部「新聞社総売上高推計調査」（2021年度）より

 財　務

新聞社の収入・費用構成

▶**発行規模別収入構成**（総収入を100とする構成比率、単位：％）

	販売収入	広告収入	その他営業収入	営業外収益	特別利益
約80万部以上社	54.5	15.9	27.8	1.4	0.3
約40万部以上社	60.7	21.7	13.1	3.1	1.4
約20万部以上社	59.1	22.0	14.1	1.7	3.1
20万部未満社	55.9	22.9	16.8	2.6	1.9

調査社平均	販売収入55.6（％）	広告収入17.5	その他営業収入24.3	営業外収益1.7 / 特別利益0.8

▶**発行規模別費用構成**（総費用を100とする構成比率、単位：％）

	用紙費	資材費	人件費	経費	営業外費用	特別損失	法人税等充当額
約80万部以上社	9.6	0.4	23.4	63.9	0.7	0.7	1.3
約40万部以上社	13.4	2.3	30.9	48.8	0.9	2.1	1.7
約20万部以上社	13.6	2.4	34.9	45.1	0.4	1.9	1.8
20万部未満社	13.3	3.0	30.7	49.4	0.6	1.3	1.6

調査社平均	用紙費10.6（％） 資材費0.9	人件費25.7	経費59.7	営業外費用0.7 特別損失1.0 法人税等充当額1.4

固定サンプル39社の数字であり、加盟社全体の推計値とは異なる
四捨五入のため、構成比率の合計は100.0にならない場合がある

新聞協会経営業務部「新聞事業の経営動向」（2021年度）より

新聞・通信社の従業員総数

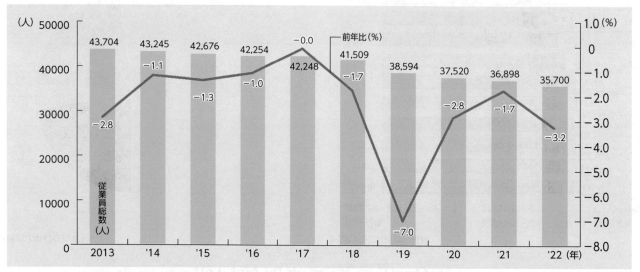

（人）

従業員総数（人）

前年比（%）

年	2013	'14	'15	'16	'17	'18	'19	'20	'21	'22
従業員総数	43,704	43,245	42,676	42,254	42,248	41,509	38,594	37,520	36,898	35,700
前年比（%）	-2.8	-1.1	-1.3	-1.0	-0.0	-1.7	-7.0	-2.8	-1.7	-3.2

新聞協会加盟新聞・通信社の従業員総数。年によって社数は異なる。2022年は92社
18年までは有期契約の嘱託および定年後再雇用者を従業員に含めていたが、19年から除外している

新聞協会経営業務部「新聞・通信社の従業員数・労務構成調査」（毎年4月）より

16

部門別従業員数と構成比

▶部門別従業員構成比率（2022年）

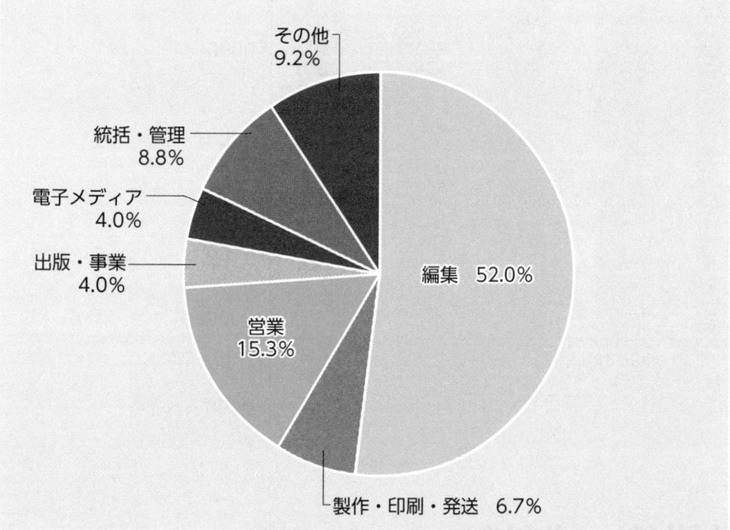

- その他 9.2%
- 統括・管理 8.8%
- 電子メディア 4.0%
- 出版・事業 4.0%
- 編集 52.0%
- 営業 15.3%
- 製作・印刷・発送 6.7%

回答90社　　新聞協会経営業務部「新聞・通信社の従業員数・労務構成調査」（2022年4月）より

▶部門別従業員数の推移

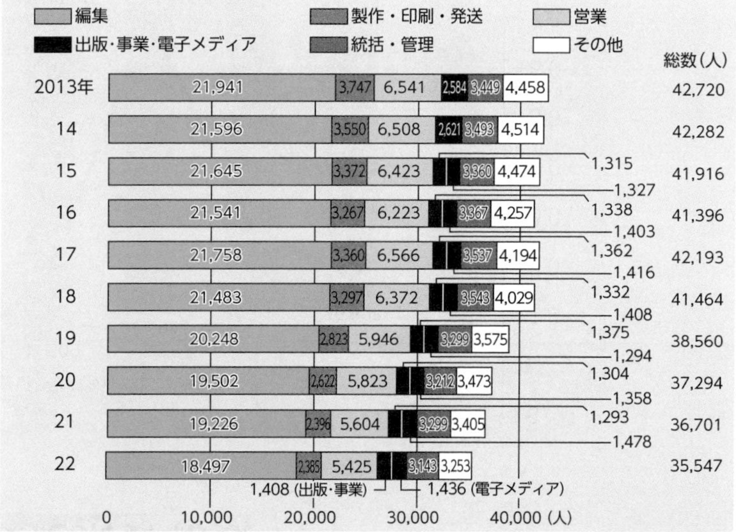

凡例：編集　製作・印刷・発送　営業　出版・事業・電子メディア　統括・管理　その他

年	編集	製作・印刷・発送	営業	出版・事業・電子メディア	統括・管理	その他	総数（人）
2013年	21,941	3,747	6,541	2,584	3,449	4,458	42,720
14	21,596	3,550	6,508	2,621	3,493	4,514	42,282
15	21,645	3,372	6,423	3,360	4,474	1,315	41,916
16	21,541	3,267	6,223	3,367	4,257	1,327	41,396
17	21,758	3,360	6,566	3,537	4,194	1,338	42,193
18	21,483	3,297	6,372	3,543	4,029	1,403	41,464
19	20,248	2,823	5,946	3,299	3,575	1,362	38,560
20	19,502	2,622	5,823	3,212	3,473	1,416	37,294
21	19,226	2,396	5,604	3,299	3,405	1,375	36,701
22	18,497	2,385	5,425	3,143	3,253	1,304	35,547

1,408（出版・事業）　　1,436（電子メディア）

0　10,000　20,000　30,000　40,000（人）

年によって社数は異なる。2022年は回答90社。部門別従業員数を回答していない社があるため、従業員総数は16ページの総数と一致しない
15年から出版・事業と電子メディアの両部門は別集計

17

雇用

年齢別従業員数と構成比

▶ 年齢別従業員数（2022年）

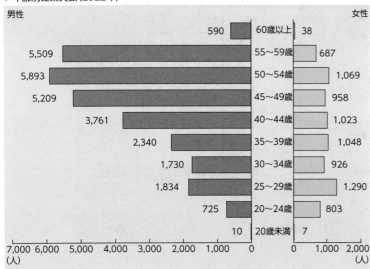

男性 / 女性

男性	年齢	女性
590	60歳以上	38
5,509	55〜59歳	687
5,893	50〜54歳	1,069
5,209	45〜49歳	958
3,761	40〜44歳	1,023
2,340	35〜39歳	1,048
1,730	30〜34歳	926
1,834	25〜29歳	1,290
725	20〜24歳	803
10	20歳未満	7

7,000 6,000 5,000 4,000 3,000 2,000 1,000 0 （人）　　0 1,000 2,000 （人）

回答88社　　　新聞協会経営業務部「新聞・通信社の従業員数・労務構成調査」（2022年4月）より

▶ 世代別従業員構成比率の推移

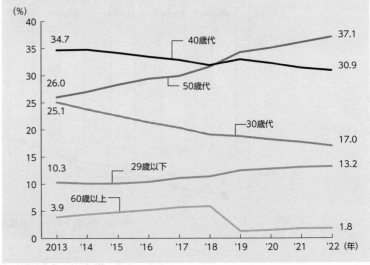

（％）

- 40歳代　34.7 → 37.1
- 50歳代　26.0 → 30.9
- 30歳代　25.1 → 17.0
- 29歳以下　10.3 → 13.2
- 60歳以上　3.9 → 1.8

2013 '14 '15 '16 '17 '18 '19 '20 '21 '22 （年）

年によって社数は異なる。2022年は回答88社
四捨五入のため、構成比率の合計は100.0にならない場合がある

新聞協会経営業務部「新聞・通信社の従業員数・労務構成調査」（毎年4月）より

18

記者総数と女性記者の比率

	記者総数	うち女性記者数	女性記者比率

(年)	記者総数	うち女性記者数	女性記者比率(%)
2013	19,666	3,277	16.7
'14	19,208	3,134	16.3
'15	19,587	3,450	17.6
'16	19,116	3,520	18.4
'17	19,327	3,741	19.4
'18	18,734	3,781	20.2
'19	17,931	3,859	21.5
'20	17,685	3,929	22.2
'21	17,148	4,026	23.5
'22	16,531	3,988	24.1

調査回答社数は年によって異なる。2022年は90社

新聞協会経営業務部「新聞・通信社の従業員数・労務構成調査」(毎年4月)より

雇用

日本メディアの海外特派員

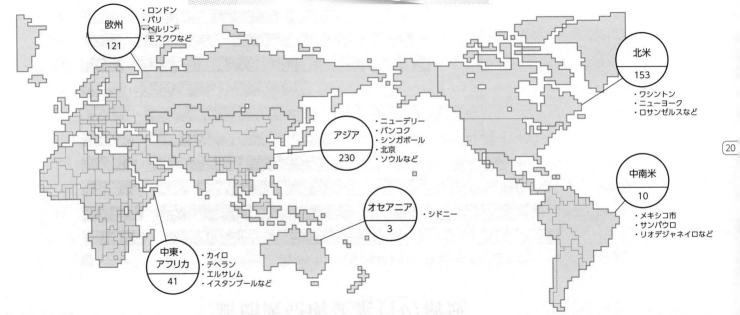

欧州
121
・ロンドン
・パリ
・ベルリン
・モスクワなど

北米
153
・ワシントン
・ニューヨーク
・ロサンゼルスなど

アジア
230
・ニューデリー
・バンコク
・シンガポール
・北京
・ソウルなど

中南米
10
・メキシコ市
・サンパウロ
・リオデジャネイロなど

オセアニア
3
・シドニー

中東・アフリカ
41
・カイロ
・テヘラン
・エルサレム
・イスタンブールなど

数字は延べ人数

新聞協会調べ（2022年7月現在）

20

雇 用

新聞販売所従業員の構成

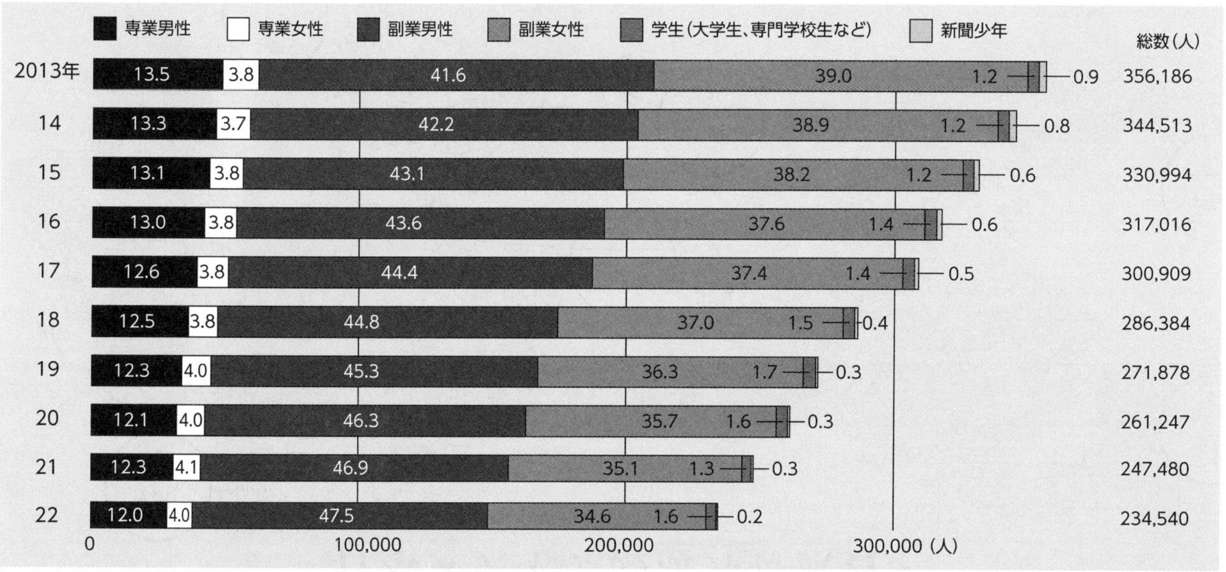

凡例	
■ 専業男性	□ 専業女性
■ 副業男性	■ 副業女性
■ 学生（大学生、専門学校生など）	■ 新聞少年

年	専業男性	専業女性	副業男性	副業女性	学生（大学生、専門学校生など）	新聞少年	総数（人）
2013年	13.5	3.8	41.6	39.0	1.2	0.9	356,186
14	13.3	3.7	42.2	38.9	1.2	0.8	344,513
15	13.1	3.8	43.1	38.2	1.2	0.6	330,994
16	13.0	3.8	43.6	37.6	1.4	0.6	317,016
17	12.6	3.8	44.4	37.4	1.4	0.5	300,909
18	12.5	3.8	44.8	37.0	1.5	0.4	286,384
19	12.3	4.0	45.3	36.3	1.7	0.3	271,878
20	12.1	4.0	46.3	35.7	1.6	0.3	261,247
21	12.3	4.1	46.9	35.1	1.3	0.3	247,480
22	12.0	4.0	47.5	34.6	1.6	0.2	234,540

0　　　　　　100,000　　　　　　200,000　　　　　　300,000（人）

棒グラフ内の数字は各年の従業員総数に占める属性別構成比（%）

新聞販売所数の推移

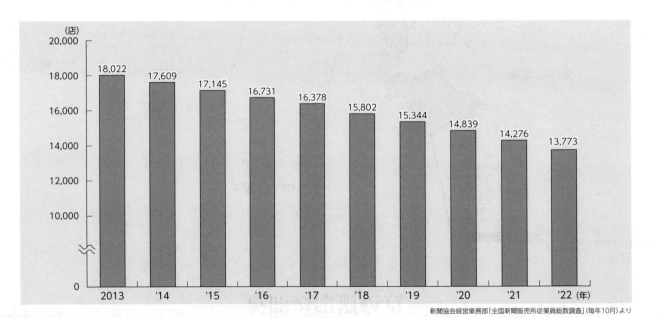

新聞協会経営業務部「全国新聞販売所従業員総数調査」(毎年10月)より

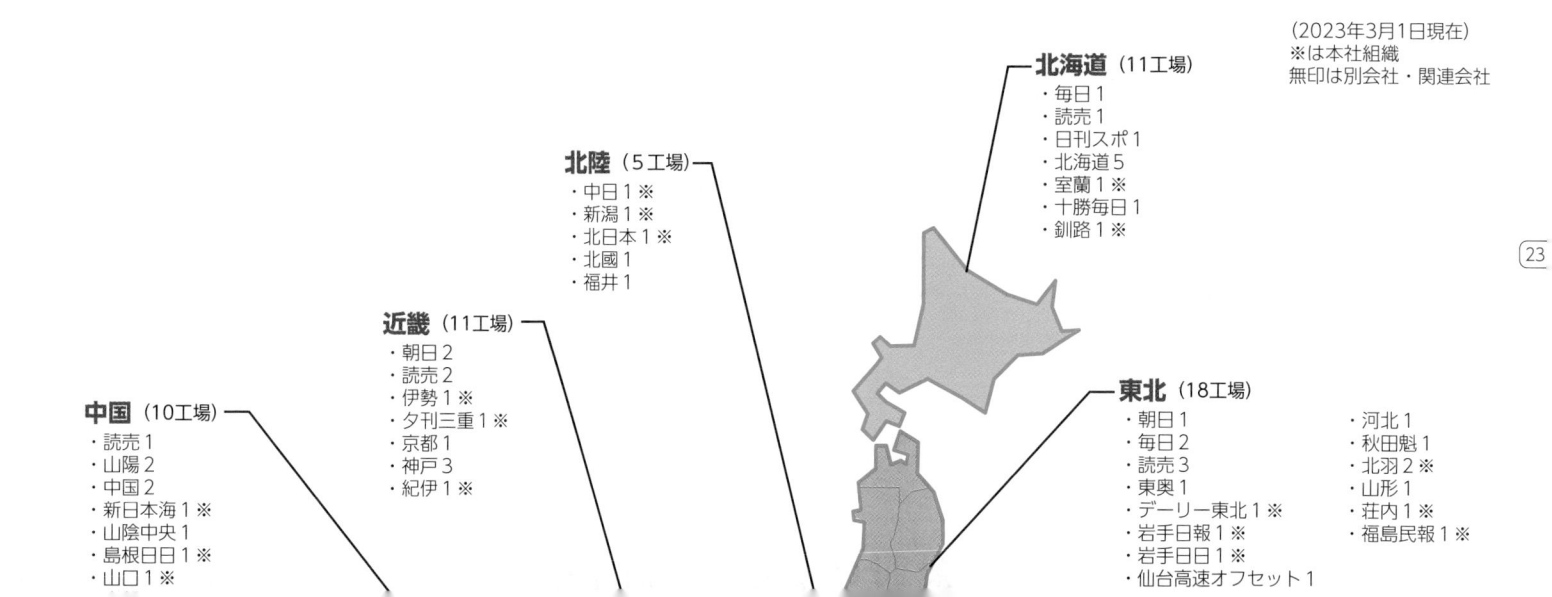

新聞の印刷拠点

（2023年3月1日現在）
※は本社組織
無印は別会社・関連会社

北海道（11工場）
・毎日 1
・読売 1
・日刊スポ 1
・北海道 5
・室蘭 1 ※
・十勝毎日 1
・釧路 1 ※

北陸（5工場）
・中日 1 ※
・新潟 1 ※
・北日本 1 ※
・北國 1
・福井 1

近畿（11工場）
・朝日 2
・読売 2
・伊勢 1 ※
・夕刊三重 1 ※
・京都 1
・神戸 3
・紀伊 1 ※

中国（10工場）
・読売 1
・山陽 2
・中国 2
・新日本海 1 ※
・山陰中央 1
・島根日日 1 ※
・山口 1 ※

東北（18工場）
・朝日 1
・毎日 2
・読売 3
・東奥 1
・デーリー東北 1 ※
・岩手日報 1 ※
・岩手日日 1 ※
・仙台高速オフセット 1
・河北 1
・秋田魁 1
・北羽 2 ※
・山形 1
・荘内 1 ※
・福島民報 1 ※

九州 (23工場)
- 朝日 2
- 毎日 2
- 読売 2
- 日経 1
- 西日本 1
- 佐賀 1
- 長崎 1
- 熊本日日 2 ※
- 大分合同 1 ※
- 宮崎日日 1 ※
- 夕刊デイリー 1 ※
- 南日本 3
- 南海日日 1 ※
- 沖タイ 1
- 琉球 1
- 八重山毎日 1 ※
- 宮古毎日 1 ※

四国 〔5工場〕
- 読売 1
- 徳島 1
- 四国 1
- 愛媛 1
- 高知 1

大阪 〔11工場〕
- 朝日 2
- 毎日 3
- 読売 3
- 日経 1
- 産経 2

中部 〔18工場〕
- 朝日 1
- 読売 1
- 日経 1
- 山梨日日 1 ※
- 静岡 1
- 信濃毎日 2 ※
- 長野 1 ※
- 南信州 1 ※
- 市民タイ 1
- 中日 6
  （うち本社組織 1 ）※
- 東愛知 1 ※
- 岐阜 1

関東 〔26工場〕
- 朝日 3
- 毎日 4
- 読売 6
- 日経 6
- 産経 1
- 日刊スポ 1
- 下野 1
- 上毛 1 ※
- 埼玉 1 ※
- 神奈川 1
- 中日 1

東京 〔15工場〕
- 朝日 2
- 毎日 2
- 読売 6
- 日経 1
- 産経 1
- 日刊スポ 2
- アサガミプレスセンター 1
  （東京などを受託印刷）

新聞協会「新聞社の主要製作設備一覧2021」をもとに作成
その後の動きも反映した

新聞・通信社間の災害・障害発生時援助協定（2社間）

新聞協会会員社間で結んでいる2社間の相互・片務協定
関連会社の協定を含めて図式化した
このほか3社間以上の相互協定が43社20件、片務協定が5社3件締結されている

(2023年3月現在　新聞協会編集制作部調べ)

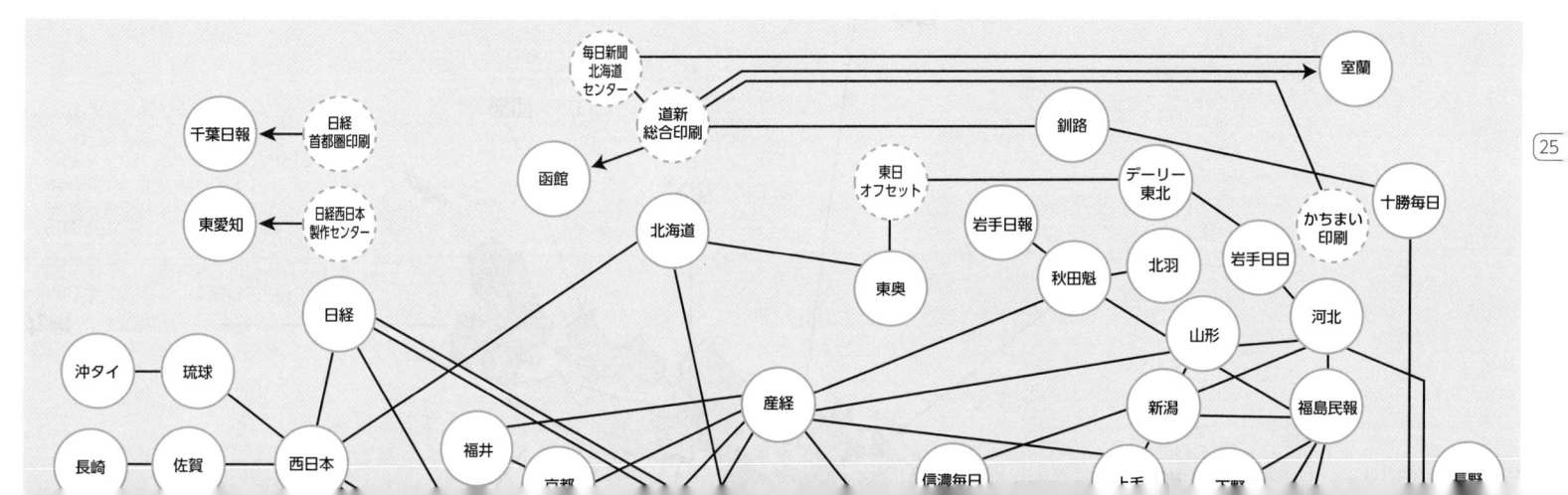

佐賀新聞
メディア印刷

毎日新聞
九州センター

熊本日日

新日本海

神戸

北日本

山梨日日

東日印刷

毎日新聞
北関東コア

市民
タイ

大分合同

山陽

山陰中央

中国

静岡

毎日新聞
首都圏
センター

かなしん
オフセット

読売

愛媛

宮崎日日

四国

徳島

毎日
GH

中日

岐阜

神奈川

報知

八重山
毎日

高知

紀伊

日刊スポ

日刊工業

南日本

夕刊三重

山口

朝日

※

日本農業

宮古毎日

共同

時事

日刊スポ
西日本

日刊
スポーツ
PRESS

朝日
プリンテック

26

GH＝グループホールディングスの略

◯＝新聞協会会員社　◌＝関連会社

相互協定＝ ———

片務協定＝（支援社）——▶（被支援社）

※朝日と読売には一部地域で片務協定もある（読売➡朝日）

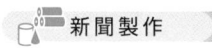

新聞用紙の生産と消費

(単位：トン、重量ベース)

	生産			払い出し				
				新聞社向け				
	国内生産	輸入外紙入荷量	計	国内払い出し	輸入外紙消費量	計	輸　出	計
2012年	3,298,360	51	3,298,411	3,305,897	51	3,305,948	1,875	3,307,823
13	3,258,555	123	3,258,678	3,246,699	123	3,246,822	2,008	3,248,830
14	3,174,733	184	3,174,917	3,180,380	184	3,180,564	1,084	3,181,648
15	3,022,299	54	3,022,353	3,033,222	54	3,033,276	1,149	3,034,425
16	2,917,510	43	2,917,553	2,925,585	43	2,925,628	592	2,926,220
17	2,778,726	7	2,778,733	2,777,489	7	2,777,496	0	2,777,496
18	2,593,611	10	2,593,621	2,609,038	10	2,609,048	0	2,609,048
19	2,422,120	0	2,422,120	2,408,425	0	2,408,425	0	2,408,425
20	2,061,406	0	2,061,406	2,099,162	0	2,099,162	0	2,099,162
21	1,977,960	0	1,977,960	2,001,229	0	2,001,229	0	2,001,229
22	1,854,148	0	1,854,148	1,864,065	0	1,864,065	0	1,864,065

国内生産＝2016年までは製紙メーカーの海外合弁工場の生産を含む
国内払い出し＝製紙メーカーによる国内向け新聞用紙の出荷高
輸入外紙消費量＝新聞協会加盟社が商社または印刷会社から入手した輸入外紙の使用量

新聞協会経営業務部調べ

国内で生産される新聞用紙の種類

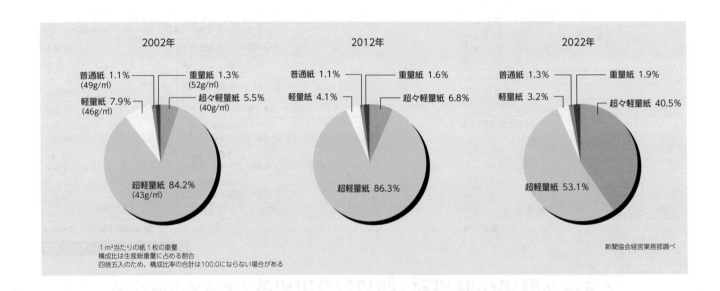

2002年

普通紙 1.1%
(49g/㎡)

重量紙 1.3%
(52g/㎡)

軽量紙 7.9%
(46g/㎡)

超々軽量紙 5.5%
(40g/㎡)

超軽量紙 84.2%
(43g/㎡)

2012年

普通紙 1.1%

重量紙 1.6%

軽量紙 4.1%

超々軽量紙 6.8%

超軽量紙 86.3%

2022年

普通紙 1.3%

重量紙 1.9%

軽量紙 3.2%

超々軽量紙 40.5%

超軽量紙 53.1%

1㎡当たりの紙1枚の重量
構成比は生産総重量に占める割合
四捨五入のため、構成比率の合計は100.0にならない場合がある

新聞協会経営業務部調べ

デジタルメディアを活用した新聞・通信社の情報サービス

総合ニュースサービスの概況

▶ サービス分類と提供方法

サービス分類	提供方法	件数
ペイウォール型（※1）	無料記事＋有料会員限定記事 一部記事は無料	36
本紙購読者限定ペイウォール型 （※2）	無料記事＋本紙購読者会員限定記事 一部記事は無料	10
有料電子サービス会員限定ペイ ウォール型	無料記事＋自社の別有料サービス会員限定記事 一部記事は無料	6
有料電子版・サービス（※1）	当該サービスの購入者のみ利用可能	25
本紙購読者限定電子版・サービ ス（※2）	本紙購読者のみ利用可能	6
無料ニュースサイト	すべての記事が無料	35
その他	上記類型に当てはまらない	3

※1　本紙購読者は追加負担なしで閲読可能なサービスを含む
※2　本紙を購読した上で有料契約が必要なサービスおよび本紙配達区域外の非購読者に限り有料
　　契約で閲読可能なサービスを含む

▶ 収益モデル

収益モデル	件数
有料課金・広告併用	42
広告単独	41
有料課金単独	29
その他	9

▶ 会員制度の形態

制度分類	件数
有料会員単独	25
購読者会員単独	7
無料会員単独	3
有料会員＋購読者会員	13
有料会員＋購読者会員＋無料会員	18
有料会員＋無料会員	11
購読者会員＋無料会員	6
会員制なし	38

29

新聞協会メディア開発委員会「デジタルメディアを活用した新聞・通信社の情報サービス現況調査」（2022年4月現在）をもとに作成

ニュースコンテンツの外部配信

▶ニュースサイト・アプリへの提供（複数回答）

配信先	社数
Yahoo	62
LINE	59
NTT docomo	50
SmartNews	50
Google News Showcase	45
ノアドット	44
goo	38
msn	38
グノシー	27
au	23
NewsPicks	9
配信していない	11

▶放送局、電光ニュース・デジタルサイネージへのコンテンツ提供（複数回答）

提供先	社数
系列・関連テレビ局	9
その他テレビ局	6
系列・関連ラジオ局	21
その他ラジオ局	24
系列・関連CATV	11
その他CATV	16
街頭ビジョン	25
交通系	16
企業・官公庁	17
サイネージ自社設置	25

新聞協会メディア開発委員会「デジタルメディアを活用した新聞・通信社の情報サービス現況調査」（2022年4月現在）をもとに作成
回答のあった82新聞・通信社の取り組み

インターネットの利用状況とメディア環境の変化

▶年齢階層別インターネット利用状況（単位%）

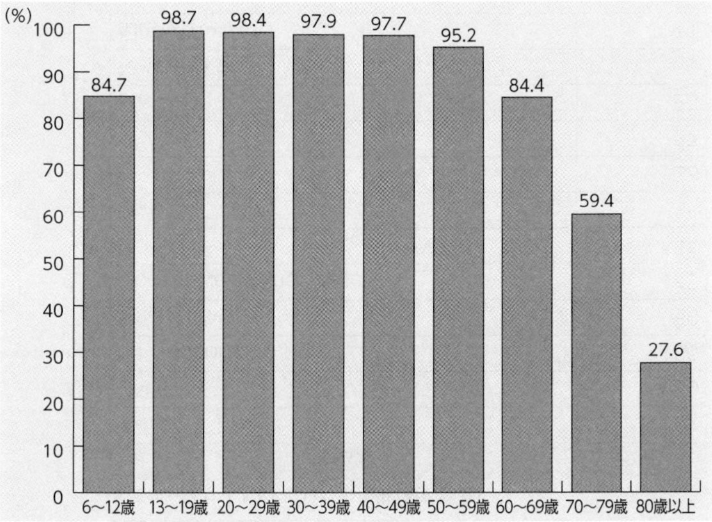

(%)
100
90
80
70
60
50
40
30
20
10
0
84.7
98.7
98.4
97.9
97.7
95.2
84.4
59.4
27.6
6~12歳
13~19歳
20~29歳
30~39歳
40~49歳
50~59歳
60~69歳
70~79歳
80歳以上

n=42,988
無回答は除いて算出

総務省「令和3年通信利用動向調査」をもとに作成

▶主な情報通信機器の保有率の推移（世帯）

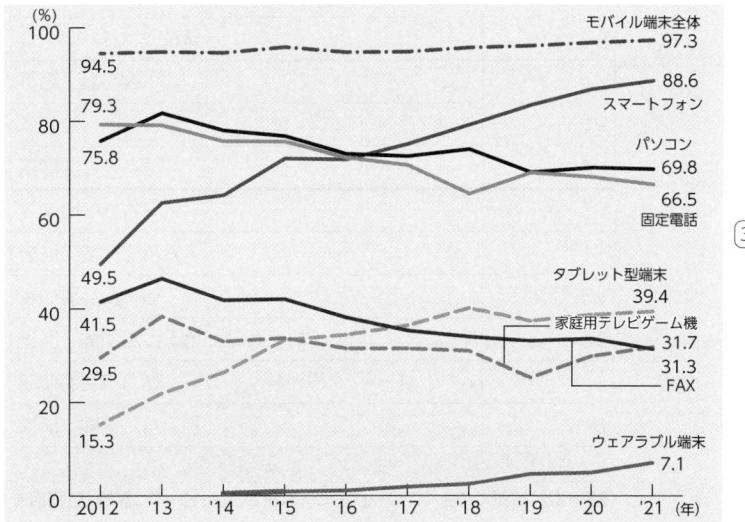

(%)
100
80
60
40
20
0
モバイル端末全体
94.5
97.3
79.3
88.6
スマートフォン
75.8
パソコン
69.8
66.5
固定電話
49.5
タブレット型端末
39.4
41.5
家庭用テレビゲーム機
31.7
29.5
31.3
FAX
15.3
ウェアラブル端末
7.1
2012
'13
'14
'15
'16
'17
'18
'19
'20
'21
(年)

「モバイル端末全体」は、2012年までは携帯情報端末（PDA）、20年まではPHSを含む
「家庭用テレビゲーム機」はインターネットに接続できるもの

NIE実践と学力

●NIEは、Newspaper In Education（教育に新聞を）の略。学校や家庭、地域などで新聞を生きた教材とする活動です。新聞協会は毎年度、全国で500以上の小中高校をNIE実践指定校に認定し、一定期間新聞を提供して授業で活用してもらう活動を進めています。

新聞協会NIE委員会が小中学校のNIE実践校を対象に実施した「NIEの学習効果を調べるアンケート」によると、週1回以上実践している学校の全国学力テスト（2019年）の平均正答率は全国平均より高い傾向にあります。朝の時間などに継続して新聞を読む活動「NIEタイム」の実施校ではさらに高く、学校全体での日常的なNIEの取り組みが学力向上につながることがうかがえます。

国語の記述式問題で「最後まで解答を書こうと努力した」児童生徒の割合もNIEタイム実施校では全国平均より高い結果が出ています。小中学校とも「書く力」「読む力」が伸びたとの回答が7～9割を占めました。

▶NIE実践と全国学力テスト平均正答率・解答意欲との相関関係

【小学校】（37都道府県47校）

	教科	回答率平均 正答率（%）	全国平均との差 （単位＝ポイント）
NIEを週1回以上 実践（22校）	国語	68.8	+4.8
	算数	69.8	+3.1
NIEを週1回以上、 かつNIEタイムを 実施（21校）	国語	69.4	+5.4
	算数	70.0	+3.3
最後まで解答を書こうと努力 した（NIEタイム実施28校）		87.6	+7.1

【中学校】（40都道府県52校）

	教科	回答率平均 正答率（%）	全国平均との差 （単位＝ポイント）
NIEを週1回以上 実践（22校）	国語	76.8	+3.6
	数学	62.5	+2.2
NIEを週1回以上、 かつNIEタイムを 実施（18校）	国語	77.7	+4.5
	数学	62.9※	+2.6
最後まで解答を書こうと努力 した（NIEタイム実施26校）		83.6	+3.5

※18校中2校は無回答。平均正答率は16校で算出

▶NIE実践による「書く力」「読む力」の変化

【小学校】（47校）

	「書く力」の変化 回答校	「読む力」の変化 回答校
大幅に伸びた	3	4
伸びた	24	19
少し伸びた	16	22
変化は見られない	3	1
その他	1	1

【中学校】（52校）

	「書く力」の変化 回答校	「読む力」の変化 回答校
大幅に伸びた	3	1
伸びた	20	17
少し伸びた	18	19
変化は見られない	11	14
その他	0	1

新聞協会NIE委員会「NIEの学習効果を調べるアンケート」結果をもとに作成（2019年11-12月実施）

新聞を読む頻度と学力

▶全国学力テストの平均正答率と新聞閲読頻度の相関

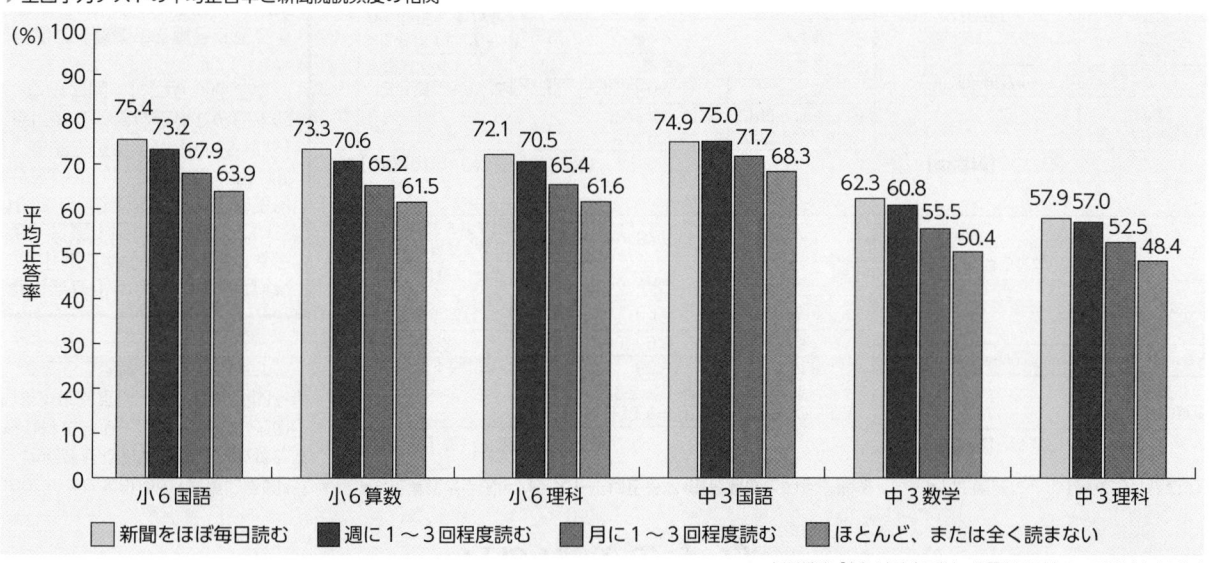

文部科学省「令和4年度全国学力・学習状況調査」クロス集計をもとに作成

新聞閲読と読解力の国際比較

▶「新聞閲読」「ニュースへの関心」の度合いと読解力の平均得点

国・地域		新聞閲読		ニュースへの関心		
		読む	読まない	紙でもデジタル機器でも同じくらい読む	紙で読むことのほうが多い	まったく関心がない
OECD加盟国	日本	531	498	524	504	445
	オーストラリア	514	504	524	479	471
	カナダ	537	524	-	-	-
	エストニア	542	517	540	500	492
	フィンランド	541	515	549	525	482
	フランス	504	496	511	468	460
	ドイツ	526	504	543	499	463
	アイルランド	519	519	540	491	476
	イタリア	484	478	485	461	430
	韓国	542	507	538	512	460

国・地域		新聞閲読		ニュースへの関心		
		読む	読まない	紙でもデジタル機器でも同じくらい読む	紙で読むことのほうが多い	まったく関心がない
加盟国	オランダ	536	495	-	-	-
	ニュージーランド	509	509	528	483	473
	イギリス	519	505	535	480	476
	アメリカ	504	509	508	454	484
	平均	497	489	508	467	457
非加盟国・地域	北京・上海・江蘇・浙江	571	550	-	-	-
	香港	540	516	553	531	473
	台湾	521	498	542	502	454
	シンガポール	568	539	572	554	502

対象は義務教育終了段階の15歳児、日本は高校1年に相当
「読む」は「週に数回」「月に数回」、「読まない」は「月に1回ぐらい」「年に数回」「まったく、またはほとんどない」と回答した生徒

国立教育政策研究所編「OECD生徒の学習到達度調査（PISA）2018年調査国際結果報告書」をもとに作成

　経済協力開発機構（OECD）の「生徒の学習到達度調査（PISA）2018年」によると、ほとんどの国・地域で、新聞を閲読する生徒は閲読しない生徒よりも読解力の平均得点がおおむね高いことが分かります。
　さまざまなテキストや図・グラフが載っている新聞に親しむことは、生徒の読む力に好影響を与えています。

新聞オーディエンスの実態

▶新聞への接触頻度 (n=1,200)

	構成比(%)
新聞オーディエンス	86.9
毎日見る（エブリデーオーディエンス）	44.4
週1回以上見る（ウイークリーオーディエンス）	14.2
月1回以上見る（マンスリーオーディエンス）	2.7
月1回未満、または普段は全く見聞きしないが、見る機会がある（拡張オーディエンス）	25.7
非新聞オーディエンス	12.3
無回答	0.8

新聞の定期購読者に加えて、購読の有無や頻度を問わずさまざまな目的や状況に応じて新聞を読む人や、ＳＮＳで拡散された新聞社発の情報を入手する人などを含めて「新聞オーディエンス」と定義した。

▶新聞オーディエンスの年代別構成（単位：％）

	15～19歳	20～29歳	30～39歳	40～49歳	50～59歳	60～69歳	70～79歳	平均年齢（歳）
新聞オーディエンス計	4.8	10.5	14.5	18.8	16.5	20.0	15.0	50.0
毎日見る	2.3 / 4.3	6.0	15.4	18.6	28.1		25.3	57.8
週1回以上＋月1回以上見る	5.0	15.3	23.3	23.8	16.8	11.9	4.0	43.0
月1回未満見る	9.1	17.9	23.4	21.4	12.7	11.4	4.2	41.1
非新聞オーディエンス	14.2	24.3	23.0	16.9	8.8	7.4	5.4	37.5
全体	6.2	12.3	15.6	18.4	15.5	18.3	13.7	48.3

四捨五入のため、構成比率の合計は100.0にならない場合がある

新聞協会広告委員会「新聞オーディエンス調査」(2023) より
2022年9月～10月に実施

主要メディアの接触状況

▶各メディアに接触している人の割合（単位：％）

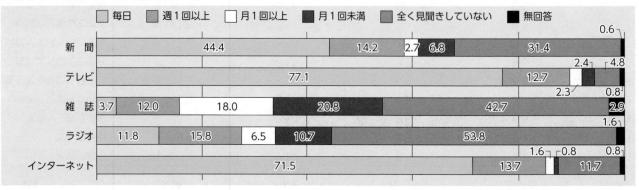

凡例：毎日　週1回以上　月1回以上　月1回未満　全く見聞きしていない　無回答

メディア	毎日	週1回以上	月1回以上	月1回未満	全く見聞きしていない	無回答
新聞	44.4	14.2	2.7	6.8	31.4	0.6
テレビ	77.1	12.7	2.4	2.3	4.8	0.8
雑誌	3.7	12.0	18.0	20.8	42.7	2.9
ラジオ	11.8	15.8	6.5	10.7	53.8	1.6
インターネット	71.5	13.7	1.6	0.8	11.7	0.8

n=1,200
新聞は紙のほか、インターネット経由で見聞きする新聞の情報を含む。テレビ、雑誌、ラジオについても同様
四捨五入のため、構成比率の合計は100.0にならない場合がある

新聞協会広告委員会「新聞オーディエンス調査」（2023）より

メディアに対する印象と評価

▶各メディアの印象・評価（複数回答、単位％）

項目	新聞	テレビ	雑 誌	ラジオ	インターネット
知的である	※ 60.3	25.7	5.3	7.7	14.8
安心できる	※ 49.9	41.3	2.9	8.4	18.0
情報が正確である	※ 47.3	38.0	2.6	6.8	19.8
情報の信頼性が高い	※ 45.5	37.8	1.8	5.3	20.3
教養を高めるのに役立つ	※ 45.3	31.9	8.8	6.4	30.3
接触が大切だと思う	43.7	44.9	3.1	6.6	25.9
情報が整理されている	※ 43.6	37.8	2.9	3.2	25.2
地域に密着している	※ 41.8	30.1	2.3	9.3	18.1
読んだことが記憶に残る	40.0	44.8	6.3	5.5	37.5
情報の重要度がよく分かる	36.5	43.5	1.5	3.3	21.7
情報が詳しい	36.4	37.7	4.1	3.0	37.6
物事の全体像等を把握できる	36.3	43.4	2.8	2.7	24.8
社会に対する影響力がある	36.1	66.8	4.3	5.8	41.7

仕事に役立つ	34.8	34.0	3.8	4.8	36.8
バランスよく情報を得られる	33.8	42.3	1.8	3.9	27.8
世の中の動きを幅広く捉えている	33.3	46.5	1.8	2.8	28.4
情報源として欠かせない	33.0	53.0	1.8	6.5	46.7
情報量が多い	32.6	44.1	4.0	3.3	45.7
世論を形成する力がある	32.5	51.9	2.6	4.1	27.3
自分の視野を広げてくれる	31.9	44.0	7.9	6.8	47.4
中立・公正である	※ 31.8	27.9	1.3	3.6	13.5
日常生活に役立つ	31.3	52.8	4.1	7.3	48.9
分かりやすい	29.5	58.2	3.4	4.7	37.5
親しみやすい	27.5	58.2	4.5	11.3	40.3
話のネタになる	21.4	51.3	5.8	7.2	54.3
情報が速い	12.6	46.0	0.9	7.7	56.9

n=1,200
新聞は紙のほか、インターネット経由で見聞きする新聞の情報を含む。テレビ、雑誌、ラジオについても同様
※印は新聞への評価が最も高い項目

新聞協会広告委員会「新聞オーディエンス調査」（2023）より

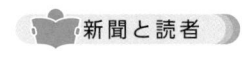

新型コロナウイルスと新聞閲読時間

新聞協会広告委員会「新聞オーディエンス調査」によると、新聞の閲読時間は新型コロナウイルス流行後に増加し、この傾向は3年たった現在も続いています。新型コロナ流行前の2019年と比較すると、平均閲読時間は平日で1.9分、休日で2.1分それぞれ増えており、国内外のさまざまな出来事を伝える新聞社発の情報に対する関心が高まっていることがうかがえます。

▶新型コロナウイルス流行前と比べた新聞閲読時間の変化

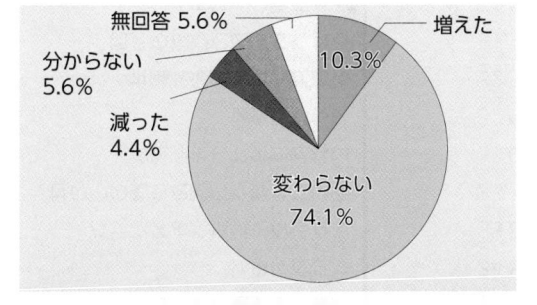

増えた 10.3%
変わらない 74.1%
減った 4.4%
分からない 5.6%
無回答 5.6%

▶新聞を1日に読んだり見たりする時間(平日)

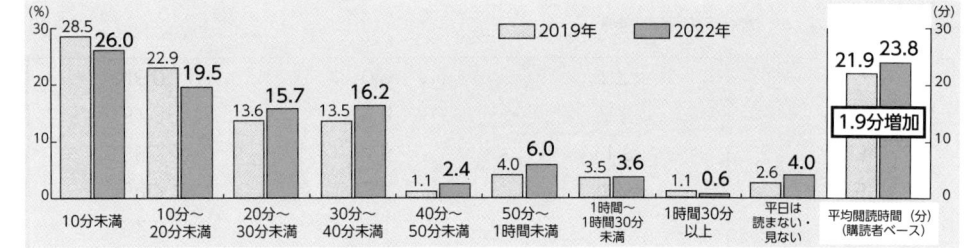

2019年 / 2022年

	2019年	2022年
10分未満	28.5	26.0
10分～20分未満	22.9	19.5
20分～30分未満	13.6	15.7
30分～40分未満	13.5	16.2
40分～50分未満	1.1	2.4
50分～1時間未満	4.0	6.0
1時間～1時間30分未満	3.5	3.6
1時間30分以上	1.1	0.6
平日は読まない・見ない	2.6	4.0
平均閲読時間(分)(購読者ベース)	21.9	23.8

1.9分増加

▶新聞を1日に読んだり見たりする時間(休日)

2019年 / 2022年

	2019年	2022年
10分未満	19.6	20.0
10分～20分未満	17.5	15.2
20分～30分未満	15.6	15.3
30分～40分未満	13.6	15.6
40分～50分未満	2.1	3.7
50分～1時間未満	5.1	6.3
1時間～1時間30分未満	3.3	5.3
1時間30分以上	1.6	1.3
休日は読まない・見ない	11.0	10.3
平均閲読時間(分)(購読者ベース)	25.5	27.6

2.1分増加

新聞協会広告委員会「新聞オーディエンス調査」(2022)

記事の満足度と戸別配達のニーズ

▶新聞記事の満足度（単位：%）

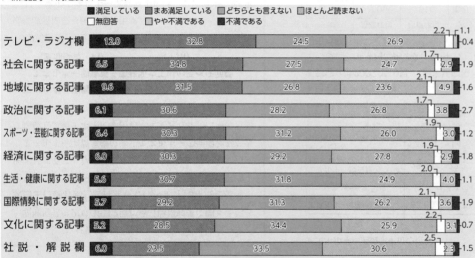

凡例：■満足している　■まあ満足している　□どちらとも言えない　□ほとんど読まない　□無回答　□やや不満である　■不満である

記事	満足している	まあ満足している	どちらとも言えない	ほとんど読まない	無回答	やや不満である	不満である
テレビ・ラジオ欄	12.0	32.8	24.5	26.9	2.2	1.1	0.4
社会に関する記事	6.5	34.8	27.5	24.7	1.7	2.9	1.9
地域に関する記事	9.6	31.5	26.8	23.6	2.1	4.9	1.6
政治に関する記事	6.1	30.6	28.2	26.8	1.7	3.8	2.7
スポーツ・芸能に関する記事	6.4	30.3	31.2	26.0	1.9	3.0	1.2
経済に関する記事	6.0	30.3	29.2	27.8	1.9	2.9	1.8
生活・健康に関する記事	5.6	30.7	31.8	24.9	2.0	4.0	1.1
国際情勢に関する記事	5.7	29.2	31.3	26.2	2.1	3.6	1.9
文化に関する記事	5.2	28.5	34.4	25.9	2.2	3.1	0.7
社説・解説欄	6.0	23.5	33.5	30.6	2.5	2.3	1.5

n=2,993
四捨五入のため、構成比率の合計は100.0にならない場合がある　　新聞通信調査会「第15回メディアに関する全国世論調査」（2022年）をもとに作成

▶新聞の戸別配達のニーズ（単位：%）

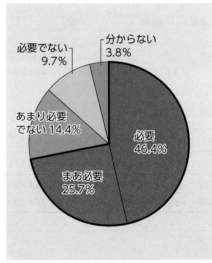

必要でない 9.7%
分からない 3.8%
あまり必要でない 14.4%
必要 46.4%
まあ必要 25.7%

n=1,221
新聞公正取引協議委員会調べ（2022年11月現在）

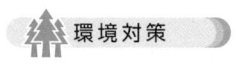

新聞界の第3次自主行動計画の推進

新聞協会は2016年12月から「環境対策に関する第3次自主行動計画」を推進しています。13年度を基準年としたエネルギー消費原単位を、30年度まで年平均1%削減することが目標です。

エネルギー消費原単位は、エネルギーの使用効率を表す指標で、省エネ法に準拠した考え方です。以下の方法で算出します。

エネルギー消費原単位＝
エネルギー消費量÷事務所や工場の延べ床面積
（原油換算・kl）　　　　　（千㎡）

地球温暖化防止に向け、新聞協会はエネルギー使用の効率改善に取り組んでいます。

21年度のエネルギー消費原単位は、13年度比で年平均4.2％減となり、目標を上回る水準で推移しています。

▶エネルギー消費原単位の推移　　　　　　　　　　　　　△はマイナス

年度	2013	14	15	16	17	18	19	20	21
エネルギー消費原単位	**93.80**	**88.37**	**84.67**	**81.99**	**78.46**	**74.07**	**70.76**	**67.94**	**66.42**
年平均削減率		△5.8%	△5.0%	△4.4%	△4.4%	△4.6%	△4.6%	△4.5%	△4.2%
エネルギー消費量（原油換算・万kl）	23.38	22.27	21.54	21.37	20.54	19.19	18.49	17.38	16.91
延べ床面積（千㎡）	2,492.1	2,519.6	2,544.2	2,606.2	2,617.6	2,591.1	2,613.0	2,558.5	2,545.6

新聞協会加盟新聞・通信社が対象。2021年度の回答社数は102
エネルギー消費量、延べ床面積が過去にさかのぼって修正申告されることがある。そのためエネルギー消費原単位を含めて過去のデータブック記載の数値と異なる場合がある

▶自主行動計画の変遷

新聞協会は2007年10月、「日本新聞協会の環境対策に関する自主行動計画」を策定しました。

その後、13年4月に第2次、16年12月に第3次計画に移行しています。

自主行動計画の変遷は以下の通りです。

	基準年度	目標年度	対象エネルギー	指標	削減目標	結果
第1次	2005	2010	電力	CO_2排出量（トン）	5%	達成
第2次	2005	2020	電力、都市ガス、重油など	エネルギー消費量（kl）	13%以上	2015年度に達成
第3次	2013	2030	電力、都市ガス、重油など	延べ床面積当たりエネルギー消費量（kl）	年平均1%	

古紙回収率と回収量

▶古紙の国内回収率の推移

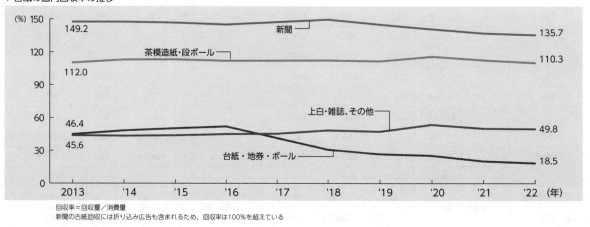

(%) 150

149.2

新聞 135.7

120

茶模造紙・段ボール 110.3

112.0

90

60

46.4 上白・雑誌、その他 49.8

45.6

30

台紙・地券・ボール 18.5

0

2013 '14 '15 '16 '17 '18 '19 '20 '21 '22 (年)

回収率＝回収量／消費量
新聞の古紙回収には折り込み広告も含まれるため、回収率は100％を超えている

▶古紙の国内回収量（単位：千トン）

台紙・地券・ボール 424

| 回収量 (2022年) | 新聞 2,451 | 上白・雑誌、その他 4,363 | 茶模造紙・段ボール 10,653 | 合計 17,892 |

古紙再生促進センターの試算

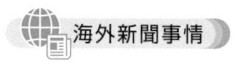 海外新聞事情

世界主要国・地域の有料日刊紙の発行部数

地域・国名	発行部数（単位：千部）		
	2019年	20年	21年
【欧州】			
オーストリア	2,138	1,705	1,748
ベルギー	1,211	1,007	1,026
チェコ	914	768	782
デンマーク	584	482	492
フィンランド	903	680	702
フランス	4,670	4,127	4,471
ドイツ	18,305	15,407	15,701
ギリシャ	624	501	512
ハンガリー	904	759	774
アイルランド	377	299	306

地域・国名	発行部数（単位：千部）		
	2019年	20年	21年
イタリア	1,746	1,466	1,250
オランダ	2,256	2,007	1,911
ノルウェー	1,385	1,095	1,122
ポーランド	1,616	1,349	1,371
ポルトガル	184	141	145
ルーマニア	164	129	133
スペイン	1,540	1,133	1,190
スウェーデン	1,495	1,158	1,191
スイス	2,063	1,663	1,704
イギリス	8,208	6,620	6,780
ロシア	6,886	4,987	5,465

地域・国名	発行部数（単位：千部）		
	2019年	20年	21年
【北米】			
アメリカ	33,830	28,144	28,703
カナダ	3,817	3,094	3,186
【中南米】			
アルゼンチン	921	766	768
ブラジル	7,731	6,177	6,373
チリ	471	385	394
コロンビア	1,018	851	868
メキシコ	7,061	6,155	6,267
ペルー	1,944	1,698	1,725

地域・国名	発行部数（単位：千部）		
	2019年	20年	21年
【アジア】			
中国	154,828	140,563	142,739
香港	3,648	3,051	3,109
インド	144,723	127,346	131,336
インドネシア	5,671	4,549	4,629
マレーシア	2,147	1,779	1,818
パキスタン	6,607	5,767	5,864
フィリピン	3,376	2,881	2,944
シンガポール	595	463	476
韓国	7,162	5,782	5,913
台湾	3,257	2,779	2,832

地域・国名	発行部数（単位：千部）		
	2019年	20年	21年
タイ	7,686	6,657	6,757
ベトナム	4,229	3,658	3,811
【オセアニア】			
オーストラリア	939	695	716
ニュージーランド	266	200	206
【中東】			
エジプト	4,631	4,225	4,296
イスラエル	665	551	565
サウジアラビア	2,113	1,886	1,916
トルコ	4,548	3,968	4,107
アラブ首長国連邦	847	748	761

地域・国名	発行部数（単位：千部）		
	2019年	20年	21年
【アフリカ】			
ケニア	208	191	193
ナイジェリア	491	446	450
南アフリカ	941	735	752

世界ニュース発行者協会（WAN-IFRA）が外部委託した部数調査に基づく。電子版は含まない
「データブック 日本の新聞」2021年版以前に掲載した世界の日刊紙の発行部数データとは、調査方法が異なる

44

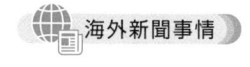

日本と欧州における新聞の付加価値税率

（単位：％）

国　名	標準税率	新聞の税率	電子版税率
日本	10	8	10
オーストリア	20	10	10
ベルギー	21	0	0
※ブルガリア	20	20	20
クロアチア	25	5	5
キプロス	19	5	19
チェコ	21	10	10
デンマーク	25	0	0
エストニア	20	5	5
フィンランド	24	10	10
フランス	20	2.1	2.1
ドイツ	19	7	7
ギリシャ	24	6	24
ハンガリー	27	5	27
アイルランド	23	0	0

▶日本における新聞の軽減税率

2016年 3月　税制改革関連法案が成立。消費税率10％への引き上げ時に、定期的に購読される新聞に8％の軽減税率適用が決定

19年10月　消費税率が10％に。酒類および外食を除く飲食料品とともに、週2回以上発行される新聞の定期購読料に軽減税率を適用（一部売り、電子版は対象外）

リトアニア	21	5	5
ルクセンブルク	17	3	3
マルタ	18	5	5
オランダ	21	9	9
ポーランド	23	8	8
ポルトガル	23	6	6
ルーマニア	19	5	5
スロバキア	20	10	20
スロベニア	22	5	5
スペイン	21	4	4
スウェーデン	25	6	6
イギリス	20	0	0
アイスランド	24	11	11
ノルウェー	25	0	0
スイス	7.7	2.5	2.5

（イギリス～スイス：EU非加盟国）

※　＝新聞の税率が標準税率の国

新聞協会調べ（2023年1月現在）
新聞の税率は日刊紙の定期購読の場合。一時的な政策による減税は含まない
欧州連合（EU）加盟国はEUのウェブサイト、その他の国は各国大使館への
問い合わせや政府税務当局サイトを参照
電子版税率は各国政府・新聞協会への問い合わせで確認

　欧州連合（EU）は2018年12月、加盟国が新聞・雑誌・書籍の電子版に軽減税率を適用することを認める改正付加価値税指令を施行しました。紙媒体に軽減税率を適用する一方、電子版には標準税率を課す不平等を解消する措置です。

　EUの指令は22年4月に改正され、加盟国が紙と電子版の税率をゼロにすることが可能になりました。一部の国が指令では原則認められていない財・サービスを優遇していたのを正式に軽減対象として位置付け、他の加盟国も選択できるようにしたものです。具体的には軽減対象の24分類のうち、超軽減税率（5％未満）、ゼロ税率が認められるのは7分類までとなっています。加盟国は「物理的または電子的に供給される書籍・新聞・雑誌」を7分類に含める選択が可能です。

　この指令改正を受け、アイルランドでは23年1月1日から紙と電子版の新聞への税率をゼロとしました。

日本で活動する海外メディア

▶日本に拠点を置く外国報道機関数と所属記者数

地域（国数）	報道機関数	所属記者数
北米(2)	26	165
アメリカ合衆国	25	164
カナダ	1	1
欧州(12)	53	107
アゼルバイジャン	2	2
イギリス	13	22
イタリア	3	3
オランダ	1	1
ポルトガル	1	1
スイス	3	3
スペイン	2	5
スウェーデン	1	1
ドイツ	12	26
フランス	11	33
ベルギー	1	1
ロシア	3	9

地域（国数）	報道機関数	所属記者数
アジア(8)	50	113
インドネシア	1	1
シンガポール	3	3
バングラデシュ	2	2
ベトナム	3	6
韓国	15	38
中国（香港・マカオを除く）	14	47
中国（香港）	6	10
台湾	6	6
大洋州(1)	2	3
オーストラリア	2	3
中東(4)	5	8
イラン	2	2
カタール	1	3
クウェート	1	1
トルコ	1	2
総計	136	396

2023年2月1日現在
外務省発行の外国記者登録証の保持者を中心に、フォーリン・
プレスセンター（FPC）が独自に集計

▶日本で活動する海外メディアの記者数の推移

(47)

放送産業の売上高と事業者数

▶放送産業の市場規模（売上高集計）の推移と内訳

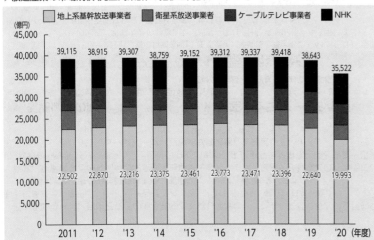

凡例: 地上系基幹放送事業者　衛星系放送事業者　ケーブルテレビ事業者　NHK

（億円）

年度	合計	地上系基幹放送事業者
2011	39,115	22,502
'12	38,915	22,870
'13	39,307	23,216
'14	38,759	23,375
'15	39,152	23,461
'16	39,312	23,773
'17	39,337	23,471
'18	39,418	23,396
'19	38,643	22,640
'20	35,522	19,993

衛星系放送事業者は、衛星放送事業にかかわる営業収益を対象に集計
ケーブルテレビ事業者は、IPマルチキャスト方式による事業者等を除く
NHKの値は経常事業収入

総務省「令和4年版情報通信白書」をもとに作成

▶民間放送事業者数（2021年度末）

地上系	テレビジョン放送（単営）		96
	ラジオ放送（単営）	中波（AM）放送	16
		超短波（FM）放送	388
		うちコミュニティ放送	338
		短波	1
	テレビジョン放送・ラジオ放送（兼営）		31
	文字放送（単営）		0
	マルチメディア放送		2
	小　計		534
衛星系	衛星基幹放送	BS放送	22
		東経110度CS放送	20
	衛星一般放送		4
	小　計		42
ケーブルテレビ	登録に係る有線一般放送（自主放送を行う者に限る）		464
	うちIPマルチキャスト放送		5
	小　計		464

衛星系は「BS放送」「東経110度CS放送」「衛星一般放送」の二つ以上を兼営している場合があるため、それぞれの欄の合計と小計欄の数値とは一致しない
ケーブルテレビの事業者数は2020年度末

総務省「令和4年版情報通信白書」をもとに作成

日本新聞協会の組織と活動

日本新聞協会は、自由で責任のある新聞を維持し発展させ、社会に奉仕するという目的のもとに集まった新聞、通信、放送各社によって、1946年7月に創立されました。

2023年4月1日現在の会員数は123（新聞97、通信4、放送22）です。

総会、理事会などの最高意思決定機関と編集・販売・広告・経営・技術などの各部門ごとに委員会・専門部会が常時40以上設けられています。また事務局が事務処理と調査・研究に当たっているほか、ニュースパーク（日本新聞博物館）を運営しています。

▶ 新聞倫理の向上
新聞倫理綱領・新聞販売綱領・新聞広告倫理綱領の実践

▶ 新聞週間・ＰＲ
「新聞週間」（10月15日〜21日）「春の新聞週間」（4月6日〜12日）の実施、新聞大会の開催、新聞PRイベントの実施、新聞文化賞・新聞協会賞・新聞技術賞・新聞経営賞などの表彰、「新聞配達の日」「新聞少年の日」「新聞広告の日」関連行事の開催、新聞週間標語の募集

▶ 調査・研究
読者調査・各種調査（経営・労務・業務・製作技術・販売・広告・デジタルメディアなど）の実施

▶ 講座・セミナー・交流
各種講座・セミナー（編集・販売・広告・製作・経営・労務・経理などを対象）、国際交流

▶ 出版・広報活動
出版活動（新聞協会報＝第2・4火曜日刊、新聞研究＝年10回刊、新聞技術＝年3回刊など）、ウェブサイト「プレスネット」など

▶ ＮＩＥ（教育に新聞を）
NIE実践指定校の認定と新聞提供、全国大会やNIE月間の実施、各種調査など

▶ ニュースパーク
ニュースパークの企画・運営・管理

▶ニュースパーク（日本新聞博物館）について

歴史と現代の両面から情報と新聞について学ぶ博物館。新聞の歴史を体系的に解説するほか、各種企画展を開催。体験型展示で情報社会の実相と情報とのつきあい方を考えながら、新聞・ジャーナリズムの役割を学べます。タブレット端末を使った取材体験ゲームやパソコンで新聞の製作体験もできます。

Ｎ ニュースパーク
日本新聞博物館

〒231-8311
横浜市中区日本大通11
横浜情報文化センター
https://newspark.jp/
☎045-661-2040

新聞倫理綱領

2000（平成12）年6月21日制定

　21世紀を迎え、日本新聞協会の加盟社はあらためて新聞の使命を認識し、豊かで平和な未来のために力を尽くすことを誓い、新しい倫理綱領を定める。

　国民の「知る権利」は民主主義社会をささえる普遍の原理である。この権利は、言論・表現の自由のもと、高い倫理意識を備え、あらゆる権力から独立したメディアが存在して初めて保障される。新聞はそれにもっともふさわしい担い手であり続けたい。

　おびただしい量の情報が飛びかう社会では、なにが真実か、どれを選ぶべきか、的確で迅速な判断が強く求められている。新聞の責務は、正確で公正な記事と責任ある論評によってこうした要望にこたえ、公共的、文化的使命を果たすことである。

　編集、制作、広告、販売などすべての新聞人は、その責務をまっとうするため、また読者との信頼関係をゆるぎないものにするため、言論・表現の自由を守り抜くと同時に、自らを厳しく律し、品格を重んじなければならない。

自由と責任

　表現の自由は人間の基本的権利であり、新聞は報道・論評の完全な自由を有する。それだけに行使にあたっては重い責任を自覚し、公共の利益を害することのないよう、十分に配慮しなければならない。

正確と公正

　新聞は歴史の記録者であり、記者の任務は真実の追究である。報道は正確かつ公正でなければならず、記者個人の立場や信条に左右されてはならない。論評は世におもねらず、所信を貫くべきである。

独立と寛容

　新聞は公正な言論のために独立を確保する。あらゆる勢力からの干渉を排するとともに、利用されないよう自戒しなければならない。他方、新聞は、自らと異なる意見であっても、正確・公正で責任ある言論には、すすんで紙面を提供する。

人権の尊重

　新聞は人間の尊厳に最高の敬意を払い、個人の名誉を重んじプライバシーに配慮する。報道を誤ったときはすみやかに訂正し、正当な理由もなく相手の名誉を傷つけたと判断したときは、反論の機会を提供するなど、適切な措置を講じる。

品格と節度

　公共的、文化的使命を果たすべき新聞は、いつでも、どこでも、だれもが、等しく読めるものでなければならない。記事、広告とも表現には品格を保つことが必要である。また、販売にあたっては節度と良識をもって人びとと接すべきである。

　新聞倫理綱領は1946（昭和21）年7月23日、日本新聞協会の創立に当たって制定されたものです。社会・メディアをめぐる環境が激変するなか、旧綱領の基本精神を継承し、21世紀にふさわしい規範として、2000年に現在の新聞倫理綱領が制定されました。

新聞販売綱領

2001（平成13）年6月20日制定

　日本新聞協会の加盟社は、「新聞倫理綱領」の掲げる理念を販売の分野においても深く認識し、その実践を誓って、新しい「新聞販売綱領」を定める。

販売人の責務　新聞が国民の「知る権利」にこたえ、公共的・文化的な使命を果たすためには、広く人々に読まれることが不可欠である。新聞販売に携わるすべての人々は、それぞれの仕事を通じ、民主主義社会の発展に貢献する責務を担う。

戸別配達の堅持　新聞は読者のもとに届けられてはじめて、その役割を果たすことができる。新聞がいつでも、どこでも、だれもが、等しく読めるものであるために、われわれは戸別配達を堅持し、常に迅速・確実な配達を行う。

ルールの順守　新聞販売に携わるすべての人々は、言論・表現の自由を守るために、それぞれの経営の独立に寄与する責任を負っている。販売活動においては、自らを厳しく律し、ルールを順守して節度と良識ある競争のなかで、読者の信頼と理解を得るよう努める。

読者とともに　新聞は読者の信頼があってこそ、その使命をまっとうできる。販売に携わるすべての人々は、読者の期待にこたえつつ、環境への配慮や地域貢献など、新しい時代にふさわしい自己変革への努力を続ける。

新聞広告倫理綱領

1958（昭和33）年10月7日制定
1976（昭和51）年5月19日改正

┌─ 制定の趣旨 ───┐

　　言論・表現の自由を守り、広告の信用をたかめるために広告に関する規制は、法規制や行政介入をさけ広告関係者の協力、合意にもとづき自主的に行うことが望ましい。

　　本来、広告内容に関する責任はいっさい広告主（署名者）にある。しかし、その掲載にあたって、新聞社は新聞広告の及ぼす社会的影響を考え、不当な広告を排除し、読者の利益を守り、新聞広告の信用を維持、高揚するための原則を持つ必要がある。

　　ここに、日本新聞協会は会員新聞社の合意にもとづいて「新聞広告倫理綱領」を定め、広告掲載にあたっての基本原則を宣言し、その姿勢を明らかにした。もとより本綱領は会員新聞社の広告掲載における判断を拘束したり、法的規制力をもつものではない。

└──┘

　　日本新聞協会の会員新聞社は新聞広告の社会的使命を認識して、常に倫理の向上に努め、読者の信頼にこたえなければならない。

1. 新聞広告は、真実を伝えるものでなければならない。
1. 新聞広告は、紙面の品位を損なうものであってはならない。
1. 新聞広告は、関係諸法規に違反するものであってはならない。

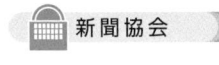
日本新聞協会の会員社一覧

(2023年4月1日現在、会員名簿順)

社　　名	電話番号
▶東京地方	
朝日新聞東京本社	03(3545)0131
毎日新聞東京本社	03(3212)0321
読売新聞東京本社	03(3242)1111
日本経済新聞社	03(3270)0251
東京新聞	03(6910)2211
産経新聞東京本社	03(3231)7111
サンケイスポーツ	03(3231)7111
夕刊フジ	03(3231)7111
ジャパンタイムズ	050(3646)0123
報知新聞社	03(6831)3333
日刊工業新聞社	03(5644)7000
日刊スポーツ新聞社	03(5550)8888
スポーツニッポン新聞社	03(3820)0700
東京スポーツ新聞社	03(3820)0801

社　　名	電話番号
水産経済新聞社	03(5544)9831
東京ニュース通信社	03(6367)8000
日本農業新聞	03(6281)5801
共同通信社	03(6252)8000
時事通信社	03(6800)1111
エヌピー通信社	03(6263)2093
日本放送協会	03(3465)1111
ＴＢＳテレビ	03(3746)1111
文化放送	03(5403)1111
ニッポン放送	03(3287)1111
日本テレビ放送網	03(6215)1111
フジテレビジョン	03(5500)8888
テレビ朝日	03(6406)1111
テレビ東京	03(6632)7777
エフエム東京	03(3221)0080

社　　名	電話番号
WOWOW	03(4330)8111
日本ＢＳ放送	03(3518)1800
▶大阪地方	
朝日新聞大阪本社	06(6231)0131
毎日新聞大阪本社	06(6345)1551
読売新聞大阪本社	06(6361)1111
日本経済新聞大阪本社	06(7639)7111
産経新聞大阪本社	06(6633)1221
日刊スポーツ新聞西日本	06(6229)7005
朝日放送テレビ	06(6458)5321
毎日放送	06(6359)1123
関西テレビ放送	06(6314)8888
読売テレビ放送	06(6947)2111
テレビ大阪	06(6947)7777

社　名	電話番号
▶北海道地方	
北海道新聞社	011(221)2111
室蘭民報社	0143(22)5121
十勝毎日新聞社	0155(22)2121
釧路新聞社	0154(22)1111
苫小牧民報社	0144(32)5311
函館新聞社	0138(40)7171
北海道日刊スポーツ新聞社	011(242)3900
▶東北地方	
東奥日報社	017(739)1500
陸奥新報社	0172(34)3111
デーリー東北新聞社	0178(44)5111
岩手日報社	019(653)4111
岩手日日新聞社	0191(26)5114
河北新報社	022(211)1111
秋田魁新報社	018(888)1800
北羽新報社	0185(54)3150
山形新聞社	023(622)5271
荘内日報社	0235(22)1480
福島民報社	024(531)4111
福島民友新聞社	024(523)1191
▶関東地方	
茨城新聞社	029(239)3001
下野新聞社	028(625)1111
上毛新聞社	027(254)9911
埼玉新聞社	048(795)9930
神奈川新聞社	045(227)1111
千葉日報社	043(222)9211
▶中部地方	
山梨日日新聞社	055(231)3000
静岡新聞社	054(284)8900
信濃毎日新聞社	026(236)3000
長野日報社	0266(52)2000
南信州新聞社	0265(22)3734
市民タイムス	0263(47)7777
中日新聞社	052(201)8811
中部経済新聞社	052(561)5215
東愛知新聞社	0532(32)3111
岐阜新聞社	058(264)1151
ＣＢＣテレビ	052(241)8111
東海テレビ放送	052(951)2511
名古屋テレビ放送	052(331)8111
テレビ愛知	052(203)0250
中京テレビ放送	052(582)4411
▶北陸地方	
新潟日報社	025(385)7111
北日本新聞社	076(445)3300
北國新聞社	076(263)2111
中日新聞北陸本社	076(261)3111
福井新聞社	0776(57)5111
日刊県民福井	0776(28)8611

社　名	電話番号
▶近畿地方	
伊勢新聞社	059(224)0003
夕刊三重新聞社	0598(21)6113
京都新聞社	075(241)5430
神戸新聞社	078(362)7100
奈良新聞社	0742(32)1000
紀伊民報社	0739(22)7171
▶中国地方	
山陽新聞社	086(803)8008
中国新聞社	082(236)2111
新日本海新聞社	0857(21)2888
山陰中央新報社	0852(32)3440
島根日日新聞社	0853(23)6760
山口新聞社	083(266)3211
宇部日報社	0836(31)4343

社　名	電話番号
▶四国地方	
徳島新聞社	088(655)7373
四国新聞社	087(833)1111
愛媛新聞社	089(935)2111
高知新聞社	088(822)2111
▶九州地方	
西日本新聞社	092(711)5555
朝日新聞西部本社	093(563)1131
毎日新聞西部本社	093(541)3131
読売新聞西部本社	092(715)4311
佐賀新聞社	0952(28)2111
長崎新聞社	095(844)2111
熊本日日新聞社	096(361)3111
大分合同新聞社	097(536)2121
宮崎日日新聞社	0985(26)9315

社　名	電話番号
南日本新聞社	099(813)5001
南海日日新聞社	0997(53)2121
沖縄タイムス社	098(860)3000
琉球新報社	098(865)5111
八重山毎日新聞	0980(82)2121
宮古毎日新聞社	0980(72)2343

会員総数　1 2 3

資料一覧

▶日本新聞協会のデータ

経営業務部 業務担当　☎ 03-3591-4405
「日刊紙の都道府県別発行部数と普及度」
「全国新聞販売所従業員総数調査」

経営業務部 経営担当　☎ 03-3591-3460
「新聞社総売上高推計調査」
「新聞事業の経営動向」
「新聞・通信社の従業員数・労働構成調査」
「新聞用紙の生産と消費」
「国内で生産される新聞用紙の種類」
「日本と欧州における新聞の付加価値税率」

出版広報部 出版広報担当　☎03-3591-6148
「日本メディアの海外特派員」

編集制作部 技術・通信担当　☎ 03-3591-6806
「新聞社の主要製作設備一覧2021」
「新聞・通信社間の災害・障害発生時援助協定（2社間）」

編集制作部 デジタルメディア担当
　☎ 03-3591-3461
「デジタルメディアを活用した新聞・通信社の情報サービス現況調査」

新聞教育文化部 ＮＩＥ担当　☎ 03-3591-4410
「ＮＩＥの学習効果を調べるアンケート」
ＮＩＥウェブサイト
　https://nie.jp/

広告部 広告担当　☎ 03-3591-4407
『新聞オーディエンス調査』（2023）」
新聞広告データアーカイブ
　https://www.pressnet.or.jp/adarc/

企画開発部 企画開発担当　☎ 03-3591-4637
「新聞界の第３次自主行動計画の推進」

▶政府統計データ

総務省「住民基本台帳」「令和３年通信利用動向調査」「令和４年版情報通信白書」
内閣府「国民経済計算」
文部科学省「令和４年度全国学力・学習状況調査」

▶その他のデータ

電通「2022年 日本の広告費」「電通広告統計」
国立教育政策研究所「OECD生徒の学習到達度調査（PISA）2018年調査国際結果報告書」
新聞通信調査会「第15回メディアに関する全国世論調査」
新聞公正取引協議委員会「新聞の戸別配達のニーズ」
古紙再生促進センター「古紙回収率と回収量」
世界ニュース発行者協会（WAN-IFRA）「世界主要国・地域の有料日刊紙の発行部数」
フォーリン・プレスセンター（FPCJ）「日本で活動する海外メディア」

データブック　日本の新聞　2023

2023年4月1日発行

編集・発行　一般社団法人日本新聞協会
The Japan Newspaper Publishers & Editors Association
〒100-8543　東京都千代田区内幸町2-2-1　日本プレスセンタービル7階
ホームページ　https://www.pressnet.or.jp/
TEL 03-3591-6148　FAX 03-3591-6149
e-mail：shuppan@pressnet.or.jp

定価　550円（本体500円＋税）

購入に関する問い合わせ　TEL 03-3591-3469
ISBN978-4-88929-094-3 C0000 ¥500E

データブック
日本の新聞2023

一般社団法人 日本新聞協会

9784889290943

ISBN978-4-88929-094-3
C0000 ¥500E

定価550円（本体 500円＋税）

1920000005005

データブック
日本の新聞2024

日本新聞協会

9784889290967

ISBN978-4-88929-096-7
C0000 ¥600E

定価660円(本体600円＋税)

1920000006002

データブック 日本の新聞 2024

2024年4月1日発行
編集・発行　一般社団法人日本新聞協会
　　　　　　The Japan Newspaper Publishers and Editors Association
　　　　　　〒100-8543　東京都千代田区内幸町2-2-1　日本プレスセンタービル7階
　　　　　　ホームページ　https://www.pressnet.or.jp/
　　　　　　TEL 03-3591-6148　FAX 03-3591-6149
　　　　　　e-mail：shuppan@pressnet.or.jp
定価　660円（本体600円＋税）
購入に関する問い合わせ　TEL 03-3591-3469
　　　　　　ⓒ2024 NIHON SHINBUN KYOKAI
　　　　　　ISBN978-4-88929-096-7 C0000 ¥600E